文化与英语教学研究

夏丹 著

中国纺织出版社有限公司

图书在版编目 (CIP) 数据

文化与英语教学研究 / 夏丹著 . -- 北京 : 中国纺织出版社有限公司 , 2021.11 （2024.3重印）
ISBN 978-7-5180-8997-0

Ⅰ . ①文… Ⅱ . ①夏… Ⅲ . ①英语－教学研究－高等学校 Ⅳ . ① H319.3

中国版本图书馆 CIP 数据核字（2021）第 208178 号

责任编辑：郭　婷　　责任校对：王惠莹　　责任印制：储志伟

中国纺织出版社有限公司出版发行
地址：北京市朝阳区百子湾东里 A407 号楼　邮政编码：100124
销售电话：010—67004422　传真：010—87155801
http://www.c-textilep.com
中国纺织出版社天猫旗舰店
官方微博 http://weibo.com/2119887771
北京兰星球彩色印刷有限公司印刷　各地新华书店经销
2021 年 11 月第 1 版　2024年3月第2次印刷
开本：710 × 1000　1/16　印张：10.25
字数：180 千字　定价：68.00 元

前　言

自改革开放我国高等教育逐步恢复和走上正轨以来，高校英语教学也随着时代变迁和社会需求的变化经历着发展和变革，先后走过了“规范与发展、调整与改革以及提高深化”的阶段：1987 年开始实施全国大学英语考试（College English Test，后简称 CET），一般要求为四级（CET-4），较高要求为六级（CET-6），通过标准化测试来把握高校英语教学和学生英语掌握情况；1999 年制定统一的《大学英语教学大纲》（修订本），强调了学生的交际能力，强调学生阅读能力的同时要注重听、说、写、译的全面发展，同时大学英语四、六级考试也开始加入口语测试，但在这一阶段仍将阅读放在英语教学的第一位，且有应试教学的影响；2002 年起开始的新一轮大学英语教学改革，教学重点从培养学生的阅读能力到强调听说能力。尽管我们在高校英语教学改革历程中看到了政策导向、教学目标和重点的转变以及由此带来的对大学英语教学实践的积极影响等可喜的变化，但在具体教学实施过程中，还存在着强调教授语言语法知识和训练语言基本技能，忽视文化导入，缺乏跨文化交流意识，注重目的语语言文化而疏于母语文化导入，以及将语言交际能力等同于跨文化交际能力等现象和问题。在这样的背景下，我国高校英语教学要满足国家、社会的需要，跟上时代发展的步伐，就要转变传统思想和模式，针对英语教学的现状和问题，进行改革和创新，培养既具备良好的语言知识和技能，又有跨文化交流意识和跨文化交流能力的具有国际竞争力的优秀人才。因而，对于高校英语教学模式的探索和研究则是适时且必要的，其相对理想模式的构建对高校英语教学的进一步发展完善和跨文化人才培养目标的实现有着十分重要的意义。

本书正是基于这样的研究背景和前提，通过具体分析和比较，努力设计构建一个较为理想的高校英语教学模式，为高校英语教学改革提供参考和借鉴，为其发展贡献一己之力。

著者

2021 年 6 月

目　录

第一章　跨文化传播与大学英语教学

第一节　相关概念及理论综述

一、跨文化传播

（一）跨文化传播的定义

学界对跨文化传播的定义多种多样，侧重的角度也各有不同，主要可以概括为如下几种类型：第一，来自不同文化背景的人际交往与互动行为。第二，信息的编码、译码由来自不同语境的个体或群体进行的传播。根据这一定义，文化是通过象征符号的编码得以表现的，传播双方的信息编码不同的传播可以称为跨文化传播。第三，由于参与传播的双方的符号系统存在差异，传播因而成为一种符号的交换过程。这一定义主要强调了不同文化交往中文化差异的影响。综合来说，可以认为，“所谓跨文化传播，就是不同文化之间以及处于不同文化背景的社会成员之间的交往与互动，涉及不同文化背景的社会成员之间发生的信息传播与人际交往活动，以及各种文化要素在全球社会中流动、共享、渗透和迁移的过程”。

国际上对于跨文化传播的研究视域的理解也不尽相同，大到国与国之间的交流，小到人与人之间的交际，如马歇尔·辛格（Marshall Singer）就认为既然每个人在文化上都是独一无二的，那么人与人之间的交际都应该被视为跨文化交际；波特（Porter）和萨莫瓦尔（Samovar）则认为不同国籍的人之间的文化差异与不同职业的人之间的文化差异并没有什么本质上的区别，只是程度上的差异，他们把不同的文化差异都放在一个标尺上；而朗（Ron）和苏珊·斯科隆（Suzanne Scollon）的观点与 Singer 有共同之处，他们认为应将眼光放在更为具体的文化差异上，如不同群体的不同语篇系统差异等。但总体看来，大量的研究是从国与国之间的对比角度出发的（胡文仲，1999）。在本书中所探讨的“跨文化传播视角”中的“跨文化传播”就是指不同国家文化背景之间的交际。

无论如何定义，跨文化传播的英文表述基本为 intercultural communication 或者 cross-cultural communication，可以表示“跨文化传播 / 交际现象”或“跨文化传播 / 交际学”的意思。在英汉翻译时，有的学者将它译为“跨文化交流”，有的译为“跨文化传播”，有的译为“跨文化传通”，还有的译为“跨文化沟通”。这是由于跨文化交际具有多学科背景，学者在选择译名时不可能不受到自己学科的影响。选择“跨文化交际”译名的大多具有语言学或外语教学的背景，因为 communication 在语言学中通常译为“交际”。选择“传播”“沟通”“传通”的大多具有传播学的背景。在本书中，因为讨论的是从跨文化传播的视角观察分析英语教学的问题，为了符合学科讨论习惯，则主要采用“交际”或“交流”的汉语表述。

（二）跨文化传播的要素及其关系

研究跨文化传播首先需要研究“文化”和“传播”这两个要素及它们之间的关系，可以说文化是跨文化传播研究的核心。由于“文化”一词使用频率高，范围广，其意义界定也就比较困难，不同学科的学者从不同的角度都给出了带有自己学科特点的定义，如人类学家克罗伯（A Kroeber）和克罗孔（Clyde Kluckholn）在他们的书中就曾总结归纳出对“文化”的一百多个定义，概括起来为：“历史上创造的所有的生活形式，包括显型的和隐型的，包括合理的、不合理的以及谈不上是合理或不合理的一切，它们在某一时期作为人们行为的潜在指南而存在。”而社会语言学家古迪纳夫（Goodenough）关于文化的定义更有利于跨文化交际领域的研究。Goodenough 认为：文化“是人们为了使自己的活动方式被社会的其他成员所接受，所必须知晓和相信的一切组成。作为人们不得不学习的一种有别于生物遗传的东西，文化必须有学习的终端产品知识，就这一术语最宽泛的意义来说组成”。概括来说，“文化即是人们所思、所言（言语和非言语）、所为、所觉的总和”。在不同环境下，不同的民族和国家创造了自己特有的文化，也被自己的文化所塑造。这也是本书中所借鉴和采纳的对文化的理解。

文化具有如下特点：①文化不是与生俱来的，是以符号为基础通过后天习得且代代相传的。②文化中的大部分是隐型的，存在于人的潜意识中，是不自觉的，所以人们对自己的文化视为自然，而当与异文化接触时，便感觉到了自己文化的独特性。③文化具有动态特征。虽然文化一经形成便具有一定的稳定性，但是随着社会和历史的变迁，文化也是不断变化的。④文化具有系统性，内在的各部分

是互相关联、相互作用的。文化是一个非常复杂的系统，它包含着诸如认知体系、规范体系、语言和非语言系统、社会组织与家庭、历史、物质产品、地理环境等要素，各要素之间有着密切关联，共同构成了文化的深层结构。而这些在跨文化交际研究中是不可忽视的内容。

对于传播的定义也有很多，基于其共性，从跨文化传播的角度看，鲁本（Ruben）和斯图尔特（Stewart，1998）的定义比较合适：传播“是处于各种关系、群体、组织和社会中的个人向环境，或相互之间发出信息和进行反馈，以便与之适应的过程”。传播是动态的、连续的和不断变化的，是符号化的，同时也是系统化的，它受到环境、场所、场合、时间、传播者数量和文化背景等因素的影响。

论及两者的关系，用萨默瓦（Samovar，2010）的话说，“文化和传播协同工作——两者不可分离。事实上，要判别哪个是声音、哪个是回音往往是困难的，文化是人类互动行为发生的大环境，影响人类传播的最大系统就是文化本身。综合相关研究，可以从三个方面来看待文化与传播的关系：第一，文化是世代相传的，传播使文化成为连续的过程。第二，文化是传播的语境（context），没有文化的传播和没有传播的文化都是不存在的。一方面，传播产生于人类生存和发展的需要，深度卷入人们的日常生活之中，成为人类的主要生存方式；另一方面，文化不是静态的而是动态的，文化从一产生就有向外扩张和传播的冲动，文化的传播与流变是文化生存和发展的必然需求。第三，传播促进了文化的变迁和整合，传播是文化延续的整合机制。”在学界的交际研究领域，甚至把文化和交际等同起来，认为交际即文化，文化即交际，这种近似偏激的观点却道出了二者之间的内在统一关系。

（三）影响跨文化传播的主要因素

在经济和文化迅速全球化的今天，国际交往频繁，跨文化交际不可避免，学者们在观察和研究中发现，在跨文化语境中能与外国人进行无障碍交流的人甚少，绝大多数交际的有效性受到多种因素的影响。这些因素可以分为语言因素和非语言因素两大类，而这其中又包含了文化因素、心理因素等。

1. 语言因素

（1）语言符号

①语言谱系。

不同文化的人之间进行交际的时候，首先遇到的问题就是语言障碍，由于双方使用的交际语言符号系统不同，则会自然形成编码和译码的差异和障碍。拿英汉两种语言体系来说，本身就分属于不同的语系。十九世纪欧洲比较学派对语言进行了研究分类，将某些在语音、词汇、语法规则之间有对应关系和相似之处的语言归为一类，称为同族语言；将族与族之间有对应关系的又归在一起，称为同系语言。这就是语言间的谱系关系。现在，世界上有印欧语系、汉藏语系、阿尔泰语系、闪含语系、高加索语系等若干语系。英语和汉语分属印欧语系和汉藏语系，在语音、词汇、语法规则上相距甚远，因而在交流中比属于同语系或者同语族的语言存在更大的跨度，在语言学习和掌握上也就存在客观的困难。

②语言要素的文化内涵。

语言除了本身所具有的符号特征之外，还承载着文化的意义。语言是文化的载体，同时也是文化的组成部分。正如德国哲学家卡西尔（Ernst Cassirer，1988）所说，“不仅存在着由声音、词汇、句子构成的语言，而且还存在着由艺术、宗教、科学符号建构起来的更为广博的语言。”构成语言系统的语音、语法和词汇也有着文化内涵。

每个人语音的不同，除了由个体发音器官等客观条件决定之外，还与社会文化因素有关，例如一个人的性别、年龄、职业、种族、教育背景、情感表达甚至于价值观念倾向都会对语音产生影响。英国学者杰弗里·利奇（Geoffrey Leech）将词义分成七种主要类型，其中包括词汇的概念意义和内涵意义。词的概念意义是语言交际中表达的最基本意义；内涵意义是附加在概念意义上的意义，可能因人而异、因社会历史时期而异，也可能因不同的国家文化而异。例如有时英汉两种语言中词汇概念意义相同，但内涵意义却不同或相反。比如红色在汉语中不仅表示颜色，还蕴含喜庆、吉祥、兴旺发达的意思，具有积极的象征意义；而英语中红色并不具有此强烈指征，在对客人迎接时使用红色地毯以表示尊重和欢迎，似乎包含了一些积极意义，但在 red flags 中则表示危险信号，需要引起警惕等。又比如“狗”在汉语中一般用于贬义，例如：狗急跳墙、狼心狗肺、狗仗人势、狗头军师等；而在西方文化中，狗被认为是人类最好的朋友，作为宠物的狗还被看作家庭成员，因而 dog 在英语中大多为中性或褒义。例如：You lucky dog.（你这家伙真幸运。），Every dog has its day.（人人皆有得意日。）等。即使是同一概念在不同语言中的词汇使用也会不同。比如：汉语的“红茶”在英语中是 black tea 而不是 red tea（black 在汉语中是“黑色”的概念意义）；英语的 brown sugar 在汉语

中是“红糖”而不是“棕色糖”。还有些情况是语言里并没有概念意义完全对等词汇。比如油条、麻婆豆腐等是中国特色食物，英语中只有采取解释或者音译的办法；西餐中的 salad，pudding，sandwich，hamburger 等也只好音译为沙拉、布丁、三明治、汉堡包。

不同的语言用不同的语法系统和规则来指导该语言的使用。“这些语法系统规则一方面是为了适应语言使用而制定的、科学的、独立的理论框架；另一方面也受到该语言群体的思维和文化特点影响，带有一定的文化成分。”申小龙在他的《中国文化语言学》一书中提到，“西方民族从古希腊开始就注重形式逻辑、抽象思维，力求从独立于自我表现的自然界中抽象出某种纯粹形式的简单观念，追求一种纯粹的单一元素。这表现在西方语言样态上就是以丰满的形态外露，因而表现在语言分析上就是最大限度地形式化描写。而汉语‘天人合一’的思维形式，其特点就是坚持普遍联系、整体考查。‘合一’成了一个具有稳定性和普遍性的思维模式：知与行、内与外、理与气、时与待、形与神、阴与阳、天与人……所强调的都是相互融合、沟通、作用。这种思维模式必然地使中国人对世界的认识和把握带有综合性、宽泛性、灵活性、不确定性等特点，反映在语言和语言分析上就是注重言与意的统一，以神统形。”具体来说，英语强调逻辑，句子结构一般比较完整，主、谓、宾要求语法上的一致，如主谓人称和数的一致，主宾的一致，其他句子成分受谓语动词影响等，属于一种线性的联系。汉语则是以“流块结构”为主要特点，“句读简短，形式松弛，富于弹性，富于韵律”。与英语相比，汉语更重内容和意义。

（2）非语言符号

人们在交际过程中除了使用语言工具，还使用许多其他手段来表达自己的意思和传递信息。一切用以传播的语言符号之外的符号都称作非语言符号，它可以包括身势、手势、眼神、表情、服饰、身体接触、身体距离、时空行为等。

身势语也叫体态语，是美国心理学家伯德斯特尔（Birdwhistell，1970）首创的概念。他指出人的身体各部位的动作、器官等都可以表达和交流信息、感情和态度，而且这些机制往往起到言语所起不到的作用，学者们认为身体即信息。总体说来，西方国家人在交际中使用的身势语较多，而中国人相对少，因为在中国传统文化中非常讲究“礼”，过多的身势语可能是对交际对方的不尊重。但在跨文化交际中，交际双方都应该了解对方非言语行为的使用习惯和含义，以避免交际误解。比如，在教学课堂上，美国教师的身体姿势会比较随意，甚至会坐在讲台上，以营造轻松自由的气氛；而中国自古以来的尊师重教的思想影响下，大家普遍认为讲台是神圣的，教师在讲台上应该认真传道授业，师生关系较为正式。所以当两者交流时，如果不做了解，互相都会产生不理解。

手势在不同文化中也有不同含义。例如，在中国文化中，伸出手臂，手掌向下，手指上下移动是招呼人过来，而美国人的这个手势恰恰是叫人走开，他们招呼人则是伸出手臂，手掌向上，手指前后移动。

不同文化中眼神的使用也不同。英语交流中的规则是讲话时一定要看着对方的眼睛，以表示关注和诚意，而这在包括中国在内的亚洲许多国家的文化中却是不礼貌的表现。

表情上，研究通常认为西方人交流中面部表情多，感情比较外露，而中国人被认为喜怒哀乐不行于色，比较内敛。

服饰由于民族、职业、场合等不同也有不同要求，还常常带有一定的文化特征。还有，身体接触在某些西方国家是礼仪需要，比如欧洲一些国家的拥抱贴面礼、接吻礼等，但这会使得交流中的东方人难以适应。

研究还发现，中国人在交际中的身体间隔距离比西方人要小。美国人类学家艾德华·霍尔（Edward Hall）就将西方国家个人之间的距离分为四种：亲密距离、个人距离、社交距离和公众距离，分别为 1.5 ~ 2.5 英尺、2.5 ~ 4 英尺、4 ~ 7 英尺或 7 ~ 12 英尺、12 ~ 25 英尺或 25 英尺以上，取决于交际双方关系的疏密程度，一旦在交际中打破这个距离，交际者就会感觉不自在或者紧张。

在时间观念上不同文化也有不同表现。Hall 根据观察把人们大致分为两类：多时与单时。多时文化的特点是：时间被看作是循环的，同一时间可以同时处理几件事情；单时则将时间看作是线性有序的，一段时间内只做一件事。因此，对单时文化来说，计划、准时和期限意识很强，美国就是单时文化的代表。而多时文化事件的态度和处理方式相对灵活得多，很多都是建立在具体的人物和事件基础上的，中国文化具备很多多时文化的特点。

2. 文化深层因素

（1）高语境与低语境文化

“高语境文化”和“低语境文化”是由艾德华·霍尔提出的。高语境文化交流中，很多信息并不通过语言清楚地传递，而将信息蕴含在交际的情景中，认为

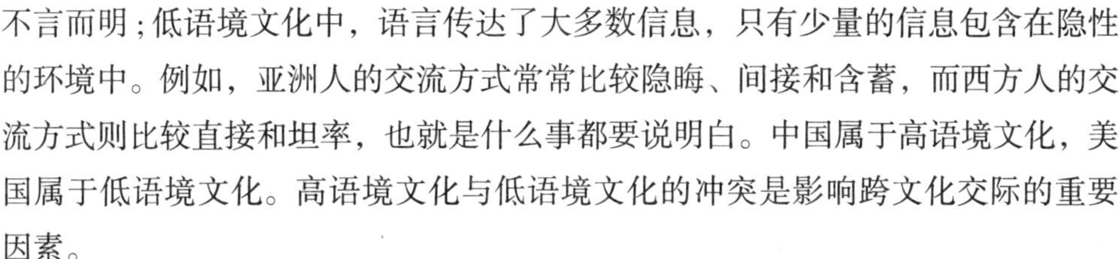

不言而明；低语境文化中，语言传达了大多数信息，只有少量的信息包含在隐性的环境中。例如，亚洲人的交流方式常常比较隐晦、间接和含蓄，而西方人的交流方式则比较直接和坦率，也就是什么事都要说明白。中国属于高语境文化，美国属于低语境文化。高语境文化与低语境文化的冲突是影响跨文化交际的重要因素。

（2）思维方式和交际风格

人们常说的思维方式是指“思维的习惯或思维的程序，是以概念、判断、推理等形式反映客观世界的过程，它深刻地影响着认知，也是指引人们行为的主导性文化要素。”西方的思维模式以逻辑、分析、线性为特点；而东方则以直觉的整体性与和谐的辩证性为特点。西方文化具有较强的抽象性，而传统的中国文化具有较强的具象性。

不同文化在思维方式上的差异也会造成在交际行为、交际风格等上的不同，必然也会给跨文化交际带来困难或冲突。古迪肯斯（Guddykunst）和丁允珠（Ting-Toomey，1992）将交际风格分为直接和间接、详尽和简洁、个人为中心和语境为中心、情感型和工具型四对不同的交际风格。通常美国人在交际时倾向于直截了当，开门见山，直奔主题；而中国人则习惯含蓄委婉。中国人认为沉默是金，言多必失，应该少说多听，交际时要礼貌谦恭，谈话应简明扼要；而美国人鼓励交流时充满自信，认为通过言语进行充分交流才能达到交际和解决问题的目的。古迪肯斯（Guddykunst）和丁允珠（Ting-Toomey）认为个人为中心的交际风格是用语言手段来强化“自我”身份，环境为中心的交际风格是用语言手段来强调“角色”身份。美国文化比较推崇平等、自由，所以语言使用上常常不使用非常正式的称呼和敬语，而直呼其名，语言也较幽默；汉语则往往会在语言中反映体现社会等级顺序和不同的角色地位。

（3）价值观

价值观是文化中最深层的一部分，它支配着人们的行动。它是不同文化在实践中形成的相对稳定、包含情感和认知成分的观念集合。盛行于整个文化的价值观称为文化价值观，它引导着人们的感知和交流，对价值观的认识将有助于交流双方理解对方的行为。

价值观的其中一个体现维度就是个人主义与集体主义。霍夫斯塔德（Hofstede）的研究认为，“个人主义文化强调的是自我和个人的成就，个人与群体、社会的关系松散，相互依赖程度弱；集体主义文化强调的是社区或群体的和谐，个人与群体、社会联系紧密，相互依赖程度高”。中国文化是集体主义文化的代表，表现为群体取向和他人取向。在群体取向影响下，中国人提倡以社会、国家和集体利益为重，个人利益在必要时可以牺牲，在集体关系中也习惯忍让，避免锋芒毕露；在他人取向上表现为首先考虑别人的看法，因而中国人重面子，在语言上倾向于多说好话，有时可能不一定是事实。相反的是，西方文化，尤其是美国文化极其推崇个人主义，强调个性彰显。因而美国人追求个性自由和自我实现，鼓励竞争。无论是个人主义取向还是集体主义取向，都为其不同的民族性格塑造起着决定性作用，都会在其各自的文化和交际行为中充分表现出来。

（4）成见

成见（stereo type），或称为刻板印象，是又一个影响跨文化交际的重要因素。也许还没有和某个文化接触，但人们往往根据以往的经验或印象去先入为主地看待这个文化群体。成见可能有正面的、也有负面的，但问题在于对于文化个体区别的忽视，一旦对一文化群体的成见形成，就认为这个群体中的每个人都有相同的特点，往往造成与实际不符，成为偏见；而且，成见使得人们不能客观地观察另一种文化，失去应有的敏感。导致在交际中预判不准确，交际无法顺利进行。

（5）民族中心主义

民族中心主义（ethnocentrism）是一个认知心理学的术语。它是指人们在交流中潜意识地用自己本族文化作为参照，以自己的文化标准来判断他人的言行，认为那些不同于自己文化习俗的行为都是不好的。莱文（Levine）和坎贝尔（Campbell，1972）认为民族中心主义思想是人的本质，人人都有民族中心主义的倾向，其作用具有两面性：“一方面，它在一定程度上能促进民族团结和社会进步；另一方面，它又构成跨文化交际的一大障碍，因为它将一个文化群体的人们聚集到一起，而排斥另一个文化群体的人们，这显然不利于文化交流。”另外，民族中心主义崇尚自己的价值观和信仰，蔑视其他价值观和信仰。民族中心主义会导致不信任、冲突甚至敌意，从而影响跨文化交际的顺利进行。所以，跨文化外语教学的任务之一就是帮助人们认识民族中心主义思想的存在和负面影响，培养民族相对论思想（ethno relativism）。对不同的价值观念、文化习俗和言语行为应持理解和宽容的态度，并能够根据不同的交际对象和场合调整自己的行为和判断标准（Bennett，1998）。文化之间只有相同和不同之说，无优劣之分，不能对

不同文化进行好坏优劣的评判。这也是在跨文化交流中应有的态度和观点。

二、大学英语教学模式

（一）大学英语教学性质及目标

《大学英语课程教学要求》（2007）是各高等学校组织非英语专业本科生英语教学的主要依据。它指出："大学英语教学是高等教育的一个有机组成部分，大学英语课程是大学生的一门必修的基础课程。大学英语是以外语教学理论为指导，以英语语言知识与应用技能、跨文化交际和学习策略为主要内容，并集多种教学模式和教学手段为一体的教学体系。"

大学英语的教学目标是培养学生的英语综合应用能力，特别是听说能力，使他们在今后的学习、工作和社会交往中能用英语有效地进行交际，同时增强其自主学习能力，提高综合文化素养，以适应我国社会发展和国际交流的需要。

（二）大学英语教学模式及其特征

关于教学模式的内涵，许多学者都有过研究和论述。美国的教育专家乔伊斯（Joyce）和韦尔（Weil）在《教学模式》一书中指出，"教学模式是构成课程和作业、选择教材、提示教师活动的一种范式或计划。"苏联教育家巴班斯基认为，教学模式是在"教学实践中基于教学形式和方法的系统结合而产生的一种综合性的形式。"

关于教学模式的特征，李如密认为其应具备操作性、简约性、针对性、整体性和开放性的特点。而钟志贤则将教学模式的特点总结为原型、模型和范型，认为教学模式一是对教学活动方式的抽象概括，源于教学活动经验；二是各要素及其相互关系的结构化的、简约化的表达方式；三是对理论基础、目标、条件、策略/方法和评价的有机整合；四是对教学的空间关系和时间关系的系统概括，在一定范围内具有一定的代表性和示范性。

由此，我们可以将大学英语教学模式总结为：大学英语教学模式是在大学英语教学实践中形成的、用于组织和设计教学过程的理论框架，是对大学英语教学各部分结构关系的简明表达，是对教学理念、教学目标、教学方法和评价的有机整合。它同样具有以上所列的教学模式的普遍特征，包括开放性的特点，可以随着教学实践的发展，结合具体的教学情境进行灵活运用和建构完善。

三、跨文化传播和大学英语教学的关系

（一）大学英语教学对于跨文化传播的重要性

通过前文对于跨文化传播的定义和影响跨文化传播的因素的论述，我们不难看出，语言在跨文化传播中也是一个要素。前面我们谈到文化与传播之间的关系，而语言与文化之间同样有着更为紧密的联系。首先，语言和文化具有很多相同点。它们都是一个民族或群体区别于其他民族或群体的标志，是社会的重要组成部分。它们在通过社会交际进行后天的习得过程中是同时进行的，而且往往交织在一起，联系紧密。由于语言的产生和发展，人类的文化才得以产生和传承，不存在没有语言的文化，也不存在没有文化的语言。同时，语言是一个符号系统，是反映和传播文化的主要途径，也是文化的重要组成部分。广义的文化包括语言，它帮助人们将认识和自然、文化、环境联系起来，并组织、协调人们的社会活动。再者，文化无时无刻不在影响着语言，它是语言形成和发展的原动力。语言既是文化的载体，又是文化的写照。从群体来看，文化是语言反映的内容，从个体来看，文化因素决定语言的具体使用。而实际上，这一切的进行也离不开传播。文化—语言—传播组成一个庞大的人类活动系统。语言是一种主要的传播模式，文化构成传播的环境。语言的传播环境也可以称为语境，既包括客观环境，也包括社会文化环境，这些不仅影响着语言的使用，也对传播效果产生影响。前文中关于 Hall 对于高语境文化和低语境文化的论述充分说明了环境对语言和传播 / 交际行为的作用。从这个角度来说，也是文化在影响着语言和传播 / 交际。而反过来，传播 / 交际推动语言和文化的发展。人们是通过传播 / 交际活动习得语言和文化的，也正是传播 / 交际活动使得文化能够通过语言为人们所共享，成为文化纽带。

综上所述，文化、语言和传播 / 交际之间的关系是：传播是一个动态的、以语言和非语言为途径、以文化为环境的信息传递过程。它依赖于语言和文化，又同时促进语言和文化的习得和交流。因而，大学英语教学作为语言教学，其对于跨文化传播的重要性则不言而喻。

（二）大学英语教学的内在跨文化要求

《大学英语课程教学要求》（2007）对于大学英语教学性质的论述已清楚地阐明了其内在的跨文化要求。大学英语教学本身就是外国语言的教学，而因为语言和文化的密切联系，英语语言必然承载着与之相联系的英语文化，从这个意义上说，大学英语教学不可能也一定不能剥离英语语言与文化的教学，而且应该是跨

文化的教学。同时，大学英语教学的最终目标是培养学生的跨文化交际能力，使他们在今后的学习、工作和社会交往中能用英语有效地进行交际，适应我国社会发展和国际交流的需要，也就是跨文化传播的需要。跨文化传播研究成果对外语教育产生了巨大的影响。当跨文化交际学揭示了语言、文化和交际之间关系以后，语言教学专家们认识到语言教学离不开文化因素，外语交际就是跨文化交际，因此外语教学具有文化教学和跨文化交际能力培养的巨大潜力。

第二节 跨文化传播视角下的大学英语教学模式分析

一、大学英语教学回顾

（一）大学英语教学的现状及问题

如前文所述，我国的大学英语教学经历了大致三个阶段的发展和变化过程，从单纯的语言知识教学到语言技能教学，从强调读、写技能到强调听、说、读、写、译的综合技能等，都是随着时代变迁和社会发展需求的不断变化而变化，其结果在人才培养上也经历了从熟知语法却只知语法不懂语言，能看懂却听不懂、说不出的“哑巴英语”到逐步走出这些困境、听说交流打开局面的过程。而作为大学英语权威指导的大学英语教学大纲也同样经历着变化。《大学英语教学大纲（修订本）》（1999）提出大学英语的教学目标是“培养学生具有较强的阅读能力和一定的听、说、读、写、译能力，使他们能用英语进行信息交流。大学英语教学应帮助学生打下扎实的语言基础，掌握良好的语言学习方法，提高文化素养，以适应社会发展和经济建设的需要”，其强调了对阅读能力培养以及打好语言基础的重要性。教学改革推进后，教学大纲的修订和完善也在进行，《大学英语课程教学要求》（2007）（以下简称《课程要求》）则将大学英语的教学目标确定为“培养学生的英语综合应用能力，特别是听说能力，使他们在今后学习、工作和社会交往中能用英语有效地进行交际，同时增强其自主学习能力，提高综合文化素养，以适应我国社会发展和国际交流的需要”，明显将强调重点由阅读能力转到了综合应用能力，特别是听说能力，同时还强调了有效交际和自主学习能力及综合文化素养等方面，较之前的大纲目标内容规定更为丰富和全面。教育部高等学校大学外语教学指导委员会于2009年至2010年曾对全国530所高校大学英语教学现状进行了较为全面的调查，王守仁和王海啸两位专家就此调查撰文报告了调查的主要结果。文中指出，调查结果显示绝大多数高校认为大学英语教学应该得到进一步加强，只有极少数高校认为可以适当降低其在学校教学中的地位。

《课程要求》已基本为各类学校所接受，大学英语教学改革在全国一半以上高校展开。在教学目标方面，绝大多数高校都将“提高学生的英语综合应用能力”和“提高学生的综合素养”作为重要或较重要的教学目标，其次包括“保持或提高学生的全国大学英语四、六级考试通过率”和“培养学生的职场英语应用能力”，而选择“培养学生的学术英语应用能力”和“提高其他英语考试（如考研、托福等）的应试能力”作为重要或较重要教学目标的学校相对较少。对于大部分院校来说，保持或提高学生的全国大学英语四、六级考试通过率都不再是最重要的选项了，大家都将“提高学生的英语综合应用能力”和“提高学生的综合素养”作为最重要的教学目标。在大学英语教学内容方面，认为“英语语言基础知识与基本技能”重要的占一半以上，在听、说、读、写、译五项技能中，听、读、说被认为是重要技能。培养学生的英语综合应用能力，特别是听说能力的观念已深入人心，而大学生的听说能力也确实有了显著提高。

然而，学界在看到大学英语教学改革所取得的成绩的同时，也发现了其中存在的一些问题。学生的听说能力较之以前确实有了提高，但是仍然无法满足现实社会的客观需求。熊敦礼等对大学生的口语能力做了相关调查，结果发现非英语专业高校毕业生的口语能力普遍较弱，还无法达到大纲的要求。户进菊等在对大学英语基础阶段结束时学生的英语能力状况的调查研究中发现，经过两年的大学英语学习，学生的英语能力有了一定的提高，但综合语言能力不高。虽说很多同学也通过了四级考试，但与大纲规定的能力要求相比，还有很大差距。其中呈现出的问题主要表现在：听力上很多同学听不懂大意，更谈不上掌握细节、领会讲话者观点和态度，学生对自己的听力能力也不满意；即使是几项技能中稍强的阅读能力上，也只是基本能掌握中心大意和主要事实，对细节的领悟能力和上下文的判断推理能力还很欠缺；翻译上，出现理解和表达的偏差、语言的不得体，甚至于中文的表达能力上也有问题；写作上也同样存在语言使用的适切性、语篇语义表达以及汉式英语等问题。究其原因，有这样几个方面：第一，不可否认应试的影响，很多学生习惯了在考试中打钩画圈、满足于做对题、得到分，当真正遇到需要自己说、写、译的语言输出时，问题就来了。第二，平时的教学中，大量的时间都花在了词汇、语法等语言知识的孤立学习和基本操练上，没有大量真实语言输入和丰富的语境训练，因而学生的语言能力和交际能力以及对语言的感知能力得不到培养、训练和提高。在这种情况下，也就更无从提及文化的对比、文化敏感性的提高，以及跨文化交际意识和能力的培养。在日常的教学实践中，教师们也往往会发现，在大家努力改善和提高大学生英语水平的同时，即使是成绩较好的同学在实践交流中还是会有障碍，其中对于文化差异的认识、学习以及跨文化教育、教学的缺失是一个重要原因。

（二）大学英语教学模式比较及分析

传统教学模式是以教师为中心的讲授型教学模式，其教学理念具有客观主义倾向，认为教学就是将外在于学习者的客观存在的、非情境化的知识从上至下、推演式地讲授给学习者；关注事实、概念和技能的获得，强调内容和结果的评价，即学习者的学业成绩；将课程看作是静态的、设定的；在这种模式的教学过程中，教师是权威，拥有绝对话语权，学生是被动接受者，等待知识的灌输，师生关系是主宰和顺从的关系，缺乏平等、互动和对话交流。从培养目标来看，传统模式关注的是学习者低阶能力的培养，也就是“运用低阶思维完成记忆任务、解决良构问题的心理特征”，“低阶思维是指较低层次的认知水平，主要用于学习事实性知识或完成简单的任务”，这严重滞后于时代对学习者的要求，随着时代的进步，低阶能力将严重制约和阻碍学习者的发展和对社会的适应。此外，传统模式重视知识的传授而忽视了学习的实践本质，学生学习循规蹈矩、缺乏主动性，自主学习能力差，“学”而无“习”，教学缺乏对知识的建构性、情境性和社会文化性等的认识和重视，导致学生实践能力、探究能力和创新能力较差。

教学手段运用上大都是以教材、黑板、粉笔加录音机的传统媒介形式的应用为特点。教学组织形式和方法单一，基本上是讲授式、“填鸭式”的课堂教学形式，使得学习过程变得枯燥无味，学生学习积极性不高，更谈不上现代化人才培养目标和学生的个性化需求的满足，教学成效不佳；教学设计上程式化，强调教学过程的客观性和规律性，追求传授既定的知识，讲究序列化和线性化的设计过程，信奉普遍的教学设计应用原则。显然程式化的教学设计忽视了教学活动本身的情境性、互动性和多样性的特点，也忽视了教师的创造性和灵活性以及学生的教学参与性的重要作用。在传统模式下学生的学习是机械接受型学习，是一种被动的、以占有知识为目的的学习，抑制了学习者创造潜能的开发，学习自主性和创造性思维受限，学习能力培养堪忧。而传统模式下的标准化培养方式更是与现代化社会和知识经济对于人才个性化培养需求相悖。在教学评价上，传统的评价指标单一，强调内容和记忆，忽视过程、能力和个体差异，评价方法简单化，以纸笔测试为主要形式，以分数为衡量标准，忽视质性评价，评价重心偏重终结性评价和学习结果，忽视形成性评价和学习过程。总之，传统教学模式存在很多不符合时代发展的问题和局限，这也正是教学模式改革的契机和新的教学模式的起点。

自 2002 年以来，大学英语教学进入提高与深化阶段，也进入了新一轮的改革阶段，教学模式也在随着改革深入不断发生着变化。针对传统教学模式存在的问题，学者和大学英语教师们也都在不断探索尝试教学模式的改变。总体来看，对于新的教学模式改革的尝试都具有这样的一些特点和趋势：第一，以建构主义教学理念为主导。“建构主义也称建构——阐释主义，是反思、质疑、批判、超越和制衡客观主义而兴起的一种哲学观。”建构主义的课程观是开放和整合的，认为课程是动态的教学过程；其教学观反映多种观点，是以学习者为中心的，认为学生是知识建构者、运用工具的主动探索者，教师是合作者和帮促者，师生关系是民主平等、和谐协作和互动对话关系；教学评价重视过程、学习技能、自我探究及社会性和交际性技能。第二，新的模式越来越以培养学习者高阶能力为目标导向。“所谓高阶能力，是以高阶思维为核心，解决劣构问题或复杂任务的心理特征。具体说来，是指问题求解、决策制定、批判性思维和创造性思维能力，是学习高阶知识、发展高阶思维和实现知识远迁移能力。”运用高阶思维能力进行学习即进行有意义的学习，培养学习者的分析、评价和创造能力等高阶能力。第三，知行合一的趋向。即将理论知识的学习与实践结合，以促进和培养学习者实践能力的发展。第四，多媒体、计算机及网络等现代化教学手段的应用。第五，运用多样化的教学组织形式和方法。克服单一以讲授为主的班级教学形式，将多样化的方法融入各自的教学形式中，走向“例中学”“做中学”“探中学”等形式，拓展“自助式、讨论式、研究式”教学组织形式。“例中学”即通过一定的实例或案例让学生分析、模仿、学习；“做中学”即以活动任务或项目为目标，通过创设丰富的情境，让学生获得丰富的学习体验，在体验中学习；“探中学”即以主题、问题或专题为引导，让学生开展研究，从发现中学习。第六，弹性、灵活的教学过程设计。每个教师所面临的教学情境都不一样，对教学的理解也不同，同时都有自己独特的教学风格，因而教学过程应承认教学的复杂性和独特性，重视教师和学生的主体意义，充分发挥教师的创造性，灵活弹性地设计教学过程。第七，与传统模式中学习者机械接受学习或灌输式接受学习不同的是，在新的教学模式变革中出现了多样化的学习，如探究式学习、协作式学习等，但核心可归纳为创新性学习，即以启发式教学思想为指导，鼓励学习者对知识的建构和追求对问题的创新性解决方案，培养学生的实践创新能力。第八，注意对学习者的个性化培养和因材施教，在教学评价上也是以促进学习者发展为目的的多样化的考查、评价标准和评价方法及形式。

从以上的比较分析可以看出，传统教学模式下的大学英语教学从教学理念、培养目标、教学手段、教学组织形式、教学过程设计、师生角色和关系以及教学评价等方面都显示出明显的不足。尤其是在经济、信息技术迅猛发展的今天，社会和时代对外语人才培养提出了更高的要求，传统教学模式表现出滞后，已无法满足全球化趋势下人们内在主观交往诉求和外在客观世界交往必然对于跨文化交流外语人才的急迫需求。而在这一点上，新的教学模式显然体现出了其优势，如以培养学习者的高阶能力为目标，重视学习者对知识的建构，鼓励学习者的主动探索和创新精神以及实践能力的培养等。具体来看，各个学校和不同的教师对于新的教学模式的运用都有着不同的探索，例如，在近些年比较流行的有交互型教学模式、基于计算机和课堂的教学模式等。

“交互型教学模式的特点是以学生为中心，学生是教学活动中的主体。课堂教学以学生的双人活动或小组活动为主要语言实践活动，教师的作用是设计课程、布置任务、组织协调等，通过组织双人对练、小组讨论、课堂辩论、角色扮演、语言游戏等活动，使学生参与课堂教学。这种教学模式的假设是，语言知识是学生在实践过程中逐渐获得的。交互型教学模式也有其弱点：如果课堂设计不到位、组织不够严密，很容易导致课堂的‘无政府’状态”。而且，在实际教学过程中，由于教师对于教学内容和目标的把握不同以及教学理念的差异，往往也会导致交互型教学模式过于强调交互的形式，结果形式丰富、活动热闹，成效却并不令人满意，尤其是《大学英语课程教学要求》中对于学生用英语进行交际，特别是跨文化交际能力的要求并不能很好地实现。

而“基于计算机和课堂的教学模式”虽然是《大学英语课程教学要求》中提出的新型教学模式，“强调个性化教学与自主学习，并充分发挥计算机可以帮助个体学习者反复进行语言训练，尤其是听说训练的功能，结合教师课堂讲授和辅导，使学生可在教师的指导下，根据自己的特点、水平、时间，选择合适的学习内容和学习方法，借助计算机，较快地提高英语综合应用能力，达到最佳学习效果。”但在教学实践中，基于计算机和网络等信息技术的现代化教学手段的运用却并没有带来预想的教学成效，其原因并不在于技术手段本身，而在于应用信息技术教学手段的思想理念的落后影响和限制了其应有的作用发挥。尽管教学形式上运用了计算机、网络多媒体等技术手段，但其技术应用观仍具有客观主义倾向，即“认为技术在某些方面可以替代教师教学生学习。知识镶嵌在技术化的课程中，技术能把知识传递给学生。学生的作用就是学习技术呈现的知识，就像跟教师学习一样。技术的作用就是给学生传递要教授的知识，因而可以说变成了是基于计算机的传统教学，根本没有发挥计算机的辅助作用以及和课堂教学的配合，也就不能实现应有的教学目标。”而事实上，技术不是教师，更不能替代教师，它应该是教学的辅助手段，是支持教学的强有力的工具。其真正的作用应当是作为学习者思维发展和知识构建的参与者和帮助者，成为学习者的知识建构工具、信息搜寻工具、情景创设工具和交流工具等。

二、大学英语教学模式实践调研结果

那么如何才能将《大学英语课程教学要求》的教学要求和培养跨文化交际人才的目标更好地贯彻融入大学英语教学中，使得我们的教学模式能够更加有效和完善呢？基于以上问题，为了能够进行更为具体的分析，为新型教学模式的构建提供数据的参考和有价值的信息，本书作者对所在的城市的两所重点高校的大学英语教学模式和跨文化教学情况进行了调研，希望通过两所学校的教学模式和跨文化教学情况的具体分析和比较，以及学生的相关看法和建议的调查等，探求培养跨文化交际人才的大学英语教学的有效模式，尝试提出融入跨文化传播理念和目标的跨文化英语教学模式构想。

通过调查我们发现，学生对目前大学英语教学模式的看法和需求，有如下几个共同点：第一，学生对于现有教学模式并没有持积极肯定的态度，尤其是在对于自己的跨文化交流能力提高上并不认为有多大的帮助。究其原因，从对最后一道开放问答题的回答中可以看出一些端倪。通过对学生的访谈也了解到一些原因，学生觉得现有模式还有应试的痕迹，对知识的讲授较多，实践应用能力的训练较少；教学形式大都局限于课堂，离真实交流环境较远；跨文化教学不够，缺乏跨文化交流的训练和实践等。第二，学生喜欢多媒体、网络辅助教学的形式，认为课堂教学应以英语为主。第三，学生认为有必要提高跨文化交流能力，用英语进行交流时在语言技能和文化表达上仍有较大困难，希望加强跨文化教学和跨文化交流训练，尤其是听说能力的提高，同时也表达了希望通过参加真实的跨文化交流来促进英语学习和英语能力提高的强烈诉求。第四，学生学习英语的工具型动机较强，而且，虽然学生在课外的英语学习可选渠道和途径很多，但是课外学习英语的时间太少，学习内容除了课本作业就是影视、歌曲等娱乐形式，学习缺乏主动性，自主学习能力较弱；加之课外几乎没有跨文化交流平台和机会，缺少实践，学习效果可想而知，英语水平和能力难以提高，更不用提跨文化交流能力的培养了。

在调查的同时，本书作者还对两所高校大学英语一线教师和相关负责人进行了访谈，了解到两所学校目前的情况如下：

A 校采用的是"2+1+1+(1)"的模式，即"两个学时的精读课 + 一个学时的听力课 + 一个学时的口语课 +(一个学时的学生自主学习)"的模式，整个大学英语阶段的学习为两学年，即本科阶段的一、二年级。每个班级每周四个学时的课堂教学，学生的自主学习在机房利用计算机进行，要求学生每学期上机自主学习 8 ~ 10 次。每种课型使用不同的教材，如精读、听力、口语分别使用综合英语教材、视听说教材和口语教程。A 校的老师认为，虽然教学模式的设计初衷是为了运用多样化的教学手段，全面培养学生的英语技能，也强调学生自主学习能力的培养，但是在实际教学中，由于课程内容多而课时有限，教学过程中的互动少，多为教师讲授，讲解内容上也还是词汇、语法等基本语言知识较多，文化内容仅涉及课文背景介绍，基本没有真正的跨文化教学，也没有专门的跨文化课程设置。学生学习缺乏积极性，基本为完成任务。因此，教师对于教学成效也不太满意。

B 校的教学模式可以概括为"2+2+(2)"的模式，即"两个学时的读写课 + 两个学时的听说课 +(两个学时的学生自主学习)"的模式。鉴于 B 校英语学分学时的削减，学生整个大学英语阶段学习为一学年，但为了提高学生听说能力，将听说课程的学习延续一学年，即读写课程为一学年，听说课程为两学年。但周学时为每个班读写课每周两课时，听说课每两周一次，每次两学时。英语课时比 A 校少，而事实上，面临着并没有减少的教学内容，B 校的老师和学生都明显觉得课堂学时不够用，所以仅仅依靠课堂教学和训练来提高学生的英语能力是十分困难的。而在生源方面，B 校则好于 A 校，B 校学生基础较好，自主学习能力相比 A 校学生稍强，因而学生对于英语学习的各方面需求也高于 A 校学生。在实际教学中，B 校教师较为注重学生在教学过程中的参与互动和语言实践训练，但由于课时限制，无法充分开展。课堂上基本没有专门进行跨文化教学，只在课外开设了一门跨文化交际的选修课，其影响也只是微乎其微。学校虽然提供有夏令营等到国外的短期交流机会，但覆盖面有限，校内对于本科生也没有提供跨文化交流的实践平台和开展常规性的跨文化交流活动，因而也无法弥补课堂教学的不足和满足培养学生跨文化交际能力的需求。

综合以上对问卷和访谈结果的分析，从跨文化传播的视角来看，两所高校的大学英语教学模式都强调了语言教学和学习者技能培养，尤其是听说能力，为进一步培养学生的跨文化交流能力做好了准备；都使用了现代化教学手段和多种教学媒介，以文字、图片、声音及视频等多元化形式，为教学传播过程中的受众——学生创造多途径、丰富的语料输入；增加了自主学习的安排，为培养学生学习的主动性和探究精神创造了条件。自主学习能力也是合格的跨文化传播者应具备的基本能力，在跨文化传播中，传播者应以主动交流的姿态，积极探索和发现不同文化的价值和魅力，努力促进文化间的交流，并在交流中学习和发展。

上述这些方面较之传统的教学模式有了明显进步，也为跨文化传播人才的培养提供了条件。但存在的问题也必须引起重视，第一，教学目标仅停留于强调语言知识的掌握和语言技能培养，未能进一步明确和强调《大学英语课程教学要求》中培养跨文化交流人才的目标。第二，就跨文化传播而言，传播离不开文化，而语言和文化之间的密切联系决定了在英语教学中，文化教学不可或缺。但我们从实际调查中发现，教学内容还是以语言知识为主，割裂了语言与文化的关系，文化教学严重不足。第三，教学偏重于西方文化引入，缺乏对母语文化的输出和传播的应有重视，缺乏文化平等对话和双向交流的跨文化传播意识。第四，虽然教学媒介丰富，但教学方法单一，未能有效地开展互动和形式多样的课堂活动，无法有效调动学生积极性和课堂参与度，因而无法实现跨文化交流互动的训练。第五，课程设置不够全面，未能很好地体现和贯彻跨文化交流的目标理念，还无法满足学生相关需求，有待改进和完善，以形成符合跨文化传播需求的教学培养模式。

第三节　大学英语跨文化教学模式构建

面对大学英语教学的困境，社会和时代发展对于跨文化交际人才的需要和大学英语教学承担的培养具有跨文化交际能力人才的责任，构建新型的大学英语教学模式成为必然。在对这一“必然”的思考和探索中，本书基于对于跨文化传播及大学英语教学相关理论和概念的梳理，以及对大学英语教学的现状和问题的分析，尝试从跨文化传播的视角构建以培养学习者跨文化交际能力为主要目标的跨文化大学英语教学模式。下文将从教学目标及内容、教学原则、教学方法和教学评价等几个方面对这一教学模式进行具体阐述。

一、教学目标及内容

跨文化外语教学近二十年来在美国和欧洲等国家发展很快，虽然术语使用上目前并不统一，但其中所体现的外语教学思路有很多共同点，例如拜拉姆（Byram，1994）等学者在调查了欧洲各国语言文化教学的现状后，以欧洲跨文化交际需要为前提，提出将语言和文化相结合的综合教学（language-culture teaching）；西利（Seelye，1994）提出以文化为基础的交际能力的教学（teaching a foreign language for culture-based communicative competence），以及更为普遍的基于文化的外语教学等（culture-based foreign language teaching）。在这些思想理论基础上，结合我国的大学英语教学情况，跨文化外语教学的总体目标应为：提高学习者的语言能力、交际能力和培养学习者的跨文化交际能力。

语言能力指的是语音、词汇、语法等语言知识和听、说、读、写、译的技能。交际能力是包括语言能力和语用能力在内的正确并且适宜地进行交际活动的能力。跨文化交际能力就是超越了具体的语言和文化群体，根据不同语境，灵活运用语言知识和技能进行交际的能力。

跨文化外语教学的目标包含语言能力、交际能力和跨文化交际能力，因而其内容应该包括语言教学、文化教学和跨文化交际能力培养三个方面。具体来说，语言教学包含基本语言知识和使用，文化教学包括文化知识和交流，跨文化交际能力培养则包括跨文化意识、跨文化交际能力和跨文化交际实践等。也就是说，在跨文化外语教学中，通过对目的语语言和文化的学习，学习者能够掌握目的语语言知识，并能使用该语言与目的语语言群体进行有效的交流，同时，在学习中能够反思自己的母语，了解语言的普遍规律，了解文化的构成、作用和发展规律，了解语言与社会和文化之间的关系，在交流中体验目的文化，反思本族文化，将目的文化与本族文化进行比较，增强对文化差异的敏感性和培养对目的文化的移情态度，并在教师的帮助和指导下，学会调适并解决跨文化交际中可能出现的如文化冲撞、误解等问题。

教学内容的这三个方面是紧密联系、相互渗透的。语言知识和文化知识是基础，语言使用和文化交流为知识提供了实践和体验机会，跨文化意识在知识学习和实践中培养，同时又为学习者知识的学习和实践交流做好了思想准备，最终在跨文化交际的实践中培养跨文化交际能力。

这其中需要特别注意的是，在文化教学中避免出现中西文化失衡或“中国文化失语症”。片面强调西方文化的输入而造成“母语文化”缺失，即中国文化失语症”。从丛教授提出：“纵观我国多层次英语教学，在增大文化含量上有着一种共通的片面性，即对外与世界的物质文化、制度习俗和各层面精神文化内容的介绍，而对于本国的文化背景——中国文化之外语表达基本上处于忽视状态。”由于忽视了母语文化在英语教学中的位置，在跨文化交际中作为交际主体的中国人，很多时候却不能用英语表达中国文化，尤其是对中国传统文化更显得心有余而力不足。在全球语境下的文化对话中，很遗憾地丧失了平等对话的能力，这也是跨文化交际的一大忌。有学者曾提出“生产性外语学习”，它既不同于“削减性学习”（学习者由于母语文化归属受到威胁而放弃母语文化，认同于目的语文化），也不同于“附加性学习”（学习者在学习目的语、接受目的语文化的同时保持母语及母语文化归属不受威胁），它是指在目的语学习过程中，目的语与母语水平的提高相得益彰；目的语文化与母语文化的鉴赏能力相互促进；学习者自身的潜能得以充分发挥。在“生产性外语学习”中，母语和母语文化起着积极的作用，它与文化归属的替代无关，强调两种语言和文化价值系统之间的互动作用。因而，在外语文化教学中“母语文化”不可缺失，文化教学不可失衡，应帮助学生形成“生产性外语学习”，发挥两种语言文化的互相促进作用，真正实现跨文化交际。

正如霍尔指出的那样，“（文化）所隐藏的东西最难被其自身的参与者所认识。多年的研究已使我坚信，真正要做的工作……是理解本国文化；我也坚信，人们从研究外国文化所能得到的不过是表面的理解，这类研究最终是为了更加了解自己系统的活动状况”。同时霍尔也指出了体验到外国文化与本土文化间的对比和

 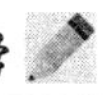

差异所产生的兴趣和好奇心是学习和了解外国文化的最佳动机。

此外，还需要注意，在教学中避免割裂语言和文化的关系而导致的孤立而机械地进行语言教学和文化教学，两者应有机结合。本书的前面部分对语言和文化的关系已经做了论述，语言本身蕴含着丰富的文化内容，无论语音、词汇还是句法都有其文化内涵，语言是对文化的反映，文化是语言存在和使用的环境，两者不可分割。语言的学习必然是文化的学习，文化为语言学习提供了丰富真实的环境，两者互为目的和手段。因此应将文化教学贯穿在语言教学过程中，将语言教学融入丰富真实的文化教学内容里，让学习者学到活的语言，体味真的文化，真正享受学习的过程。

二、教学原则

跨文化外语教学需要遵循的其中两条原则：文化教学平衡性原则、语言教学和文化教学有机结合的整体性原则。除此之外，跨文化外语教学还应遵循以下几条原则：

（1）以学习者为中心，培养学习者自主学习能力

学习者是教学过程的真正主体，教学的开展应以学习者为中心，围绕着学习者的需要进行。在跨文化外语教学中，对学习者跨文化交流能力的培养也是基于学习者这个主体，因而，学习者语言及文化学习的需要、体验、态度、能力等都是教学设计的考虑因素。“以学习者为中心”要求因材施教。不同的学习者学习风格、学习方法、学习能力都不尽相同，教学应针对学习者的不同情况选择合适的教学方法和作合适的引导。而因材施教和培养学习者自主学习能力是相辅相成的。霍莱茨（Holec, 1981）认为，自主学习就是学习者“能够对自己的学习负责”。利特尔伍德（Littlewood，1996）认为自主学习主要是学习者在学习过程中“独立做出选择的愿望和能力”，也就是说，“学习者能为自己的学习提供机会，而不是简单地对教师所提供的各种各样的刺激做出反应；不是被动地等待学习的发生，而是主动促使学习过程的产生”。自主学习能力对于跨文化外语教学来说十分重要，不仅因为教育的培养目标之一就是培养终身学习的思想，而且跨文化学习内容丰富而庞大，仅仅依靠教师的传授是不够的，教学更重要的是培养学习的能力，这是一种可持续发展的能力，培养自主学习能力就是“授之以渔”，使学习者能够较好地完成学习目标。

（2）互动性原则

本书提出的互动性原则既包括了语言与文化的互动性，也包括了中西文化的互动性，还包括教与学的互动性。教学应持发展的眼光看待语言与文化，两者是动态的，互相交织发展的，跨文化外语教学也应跟上时代的步伐，在互动发展中进行。中西文化之间应是平等对话、互动共存的关系，尤其是当今世界全球化趋势下，文化的互动共存更为明显，跨文化外语教学也应遵循这一规律，发挥中外文化学习的互促作用。在教与学的过程中，新型教学模式已经改变了单向传递的模式，强调的是教学传播过程中的双向传递、互动过程，教师教学影响着学生的学习，而学生又反过来影响着教师的教学传播行为。而跨文化交流本身就要求进行文化的双向交流，语言本身也是在交流中产生和发展的，因此，跨文化外语教学过程应是一个互动的过程，要充分发挥学生的学习参与积极性，取得好的教学效果。

三、教学方法

我国的外语教学曾先后采用过语法—翻译法（简称翻译法）、直接法、听说法、认知法和交际法等几种主要的教学法。

语法—翻译法源自欧洲中世纪对于希腊语、拉丁语的教学，诞生于18世纪末，它是以翻译、阅读原著和分析语法为主要的教学活动，目的是培养学生的阅读能力，训练心智。其长处在于使学生语法概念清晰，阅读能力较强，翻译能力和写作能力得到提高。但不足之处也显而易见：强调阅读忽略了语言交际能力，学生语言应用技能差，交际能力差，而且教学形式单一、枯燥，学生容易失去学习兴趣。

直接法产生于19世纪下半叶西欧资本主义蓬勃发展、国际交往日益频繁的社会背景下，语法—翻译法不能满足需要，针对语法—翻译法的外语教学改革运动兴起。直接法主张借鉴儿童习得母语的方法，通过目的语直接学习和应用，不使用母语中介，用动作、图画等直观手段教学。其优点在于教学直观、注重实践，在培养口语能力方面效果显著。其缺点也不可避免：它夸大了儿童习得母语和成人学习外语之间的相似性，忽略了二者间的差异；忽视了母语在外语学习中的作用；强调经验和感性认识，注重口语，忽略了文学修养，学习者知其然不知其所以然。

听说法源自美国在“二战”时期的美军外语培训。它强调听说领先，通过反复模仿、强化操练形成习惯。其优点是重视句型结构的练习，并通过与母语的对比由易到难安排教学，有利于学习者掌握外语。但它过分强调机械性操练和死记硬背，忽视能力的培养；过分重视语言的结构形式，忽视语言的内容与意义。

认知法是在 20 世纪六七十年代在认知教学论的基础上产生的。它强调语言的学习要靠理解、掌握语言规则，重视智力活动在获得知识过程中的积极作用，认为语言学习是主动的心理活动而不是形成习惯的过程。认知法在鼓励积极思维、发展智力，注重培养学生语言综合运用能力等方面显现出优势。由于认知法强调认知语法规则，所以它也叫“现代语法翻译法”。而过分强调要在认知语法规则的基础上进行外语教学也是其缺陷，而且在实施过程中容易出现语法—翻译法的老毛病。

交际法产生于 20 世纪 70 年代，主要由英国应用语言学家创立。它认为语言教学的目的是培养学生使用目的语进行交际的能力，语言教学的内容不仅要包括语言结构，还包括表达各种意念和功能。交际法重视培养学生的语言能力，主张在交际活动中学习，教学活动情景化。交际法比较之前的教学法流派，其优点体现在：重视学生的实际需要；重视交际能力的培养，体现了语言的社会功能；教学过程交际化，提高了学生的交际能力。交际法也存在一定的缺陷：功能—意念项目很难确定和统计；以功能—意念项目为线索组织教学大纲缺乏科学性；功能—意念项目与语法、句型结构之间的关系无法协调；教学中容易放任学生的语言错误，影响交际。

许多学者认为，从 20 世纪 90 年代起，在各种教学法流派纷呈近百年的“方法时代”后，外语教学进入了“后方法时代”，“重视学习过程，重点在于语言知识的构建、学习动机与学习策略的培养，强调教师的主导性和学习者的自主性，以培养学习者的可持续发展能力为目标”。“后方法时代”的教学法的代表是“任务型教学法”。它是指教师通过引导语言学习者在课堂上完成任务来进行的教学。在语言教学中，任务指为达到某一具体的学习目标而设计的活动。“任务型教学法”强调“在做中学”（learning by doing），认为在教学活动中，教师应当围绕特定的交际和语言项目，设计出具体的、可操作的任务，学生通过表达、沟通、交涉、解释、询问等各种语言活动形式来完成任务，以达到学习和掌握语言的目的。其优点在于以任务为中心，突显真实性，使学习者在任务驱动下学习和进行知识构建，有助于培养学生的综合语言运用能力和学习的自主化。“任务型教学法”在以往教学法的基础上形成，和其他的教学法并不排斥。

无论是“方法时代”的教学法，还是“后方法时代”的教学法，都有其产生的时代背景和适用环境，而日益发展的教学需求也促进着教学法的不断发展更新，因此我们不能局限于某一种教学法，特别是在跨文化外语教学中，要有“教而有法，教无定法”的理念，针对不同的教学内容和教学情境选择不同的教学方法，综合运用各种教学法，扬长避短，以求最佳教学效果。例如，尊重认知法的认知规律，利用语法—翻译法讲解基本的语法和语言基础知识，借鉴直接法的直观教学手段和听说法的对比操练，保证语言知识掌握和技能训练，以交际法和“任务型教学法”为主要教学过程和方法的设计参考达到培养学习者的语言综合运用能力和跨文化交际能力的目标。

四、教学评价

文化是跨文化外语教学的主要目标和内容之一，而文化的主观性和复杂性带来了文化测试和评价的困难。传统的纸笔形式和客观量化的测试在针对强调记忆的客观语言知识掌握的标准化评价上有其优势，但却无法客观评价学习者的能力、态度和学习过程等，因此，仅仅依赖传统的客观定量测试已无法满足跨文化外语教学的评价要求，基于“真实评价”和“表现评价”的定性分析评价法应运而生。可以通过对学习者学习过程的观察，对其学习的努力程度、进步情况、学习态度和最终成就等做出综合性评价。学习者也可以通过评价过程来对自己的学习进行反思，促进和指导自主学习。

同时，形成性评价相对于传统的终结性评价更能激励学生，帮助学生发现学习中的问题并及时调整，有效调控自己的学习过程，取得更好的学习效果。学习者容易获得成就感，有利于培养学习者的自信心，避免了一张考卷定优劣对学习者积极性的打击和对学习热情的挫败。

因此，跨文化外语教学应该采取形成性评价和终结性评价相结合的评价机制，以更客观和积极地对学习者的情况进行反馈，并对学习者的学习起到良性的反拨作用。

总体说来，大学英语跨文化教学模式是以培养学生的跨文化交际能力为终极目标，以培养学生的交际能力（包括语言能力和语用能力）为基础目标，以英语语言知识与语言技能、文化知识和跨文化交际等为主要内容，将语言教学和文化教学有机结合，集多种教学手段和方法为一体的教学模式。教学过程中教师是教学活动的组织者，整个模式以学生为主体，教师为主导。

在此模式中，英语语音、词汇、语法等语言知识和听、说、读、写、译等语言技能，以及文化知识和文化交流教学活动可以通过计算机来进行，也可以通过教师的课堂教学来进行。具体来说，“语音、词汇、语法”等语言知识和文化知识在课堂教学中进行，以便于使用语法—翻译法讲解基本的语法和语言基础知识，并对文化知识进行必要的介绍和解释，使学生形成基础的认知；同时，利用“计算机+网络”的环境和条件，鼓励和引导学生开展自主学习，就文化知识主题进行搜索、学习和思考，发挥计算机和网络对学生思维发展和知识建构的参与、帮助作用，成为课堂文化学习的补充。文化知识以课堂教学为主，“计算机+网络”环境下的教学为辅。针对“听、说、读、写、译”五项语言技能的不同特点采用不同的教学环境，“听”的训练主要在“计算机+网络”环境下进行，更便于多种听力素材的使用，特别是网络上丰富的原汁原味的英语听力素材，能够给学生创造近乎真实的听力环境，同时辅之以课堂教学对听力技巧和方法等的适当讲解；“说”和“读”的训练既要在“计算机+网络”环境下进行，又要有课堂教学，可以借助计算机和网络进行阅读、口语及发音等的训练，课堂同时进行文章内容、体裁等的分析讲解和口语的互动。“写”和“译”的训练以课堂教学为主，以在计算机网络环境下的教学为辅，因为对于写作和翻译两种输出技能的训练，教师的面授指导最为直接和有针对性，也更有效。这里需要强调的是，文化交流是必不可少的一块内容，因为所有的学习成果最后都是在交流/传播中的实现，掌握的知识、技能都要在交流/传播中使用。关于文化和交流/传播这两个跨文化传播核心因素之间的关系在此不再赘述，更重要的是，学生在实践交流活动中能够真正体验文化差异、直观面对跨文化交流的障碍和问题，并在教师的指导下，培养文化敏感性和跨文化交流意识，对可能产生的文化休克等情况有所体验和了解，并能灵活处理和做好自我调适。文化交流的开展既可以利用“计算机+网络”的环境，也可以在实践交流活动中进行，实际上，从学生的跨文化交流需求和教学培训效果来看，开展跨文化实践交流活动，如短期的对外交流互访、参与国际会议或活动的志愿服务工作，甚至建立实体的跨文化实践交流体验平台或实践交流体验中心都是值得鼓励的形式。

第二章 语境理论与文化

第一节 语境理论

一、早期语境研究

西方语言哲学中的语境理论可以追溯到亚里士多德时期。他在《工具论》“论解释”篇中指出，口语是思想的符号，“口语是心灵的经验的符号，书面语言是口语的符号”；而思想或语词不是孤立的，而是存在于和其他思想或语词的相互联系之中，“孤立的思想或语词既不是真实的又不是谬误的，真实和谬误只能属于思想或语词的若干结合。他在讨论名词的意义时指出，名词的任何一部分离开了其他部分就没有意义，“所谓名词，我们是意指依据惯例的一种有意义的声音。它同时间无关，而且它的任何一部分要是离开了其他部分就没有意义了。”例如他认为，“良马”“贼船”这两个名词中的“马”和“贼”，在这样的上下文中它们没有独立的意义，它们的意义就在于它们对该语词整体的贡献。我们姑且不论他这种思想正确与否，但他看到了思想或意义与“相互联系”的关联，这实际是一种深刻的语境思想，尽管他本人没有明确使用语境一词。他在区分意谓（signification 即“所指”）和意义（meaning 即“内涵”）的时候也指出，所有语词的意义（无论有无意谓）都取决于使用者。这充分证明语言使用者作为一种语境因素在亚里士多德那里已经受到了关注。这表明语言意义的研究从一开始就注意到了语境的作用，暗示着意义和语境的本质关联。

古罗马时期，奥古斯丁也表示了他的语境思想。在进一步区分能指（signifier，significant）和所指（signification，referent）时，奥古斯丁指出：能指是语词名称本身，所指是语词的意谓；名称或能指与所指或意谓的关系基本上是一一对应的，名称通常单一地指称对象；但是在不同命题（语句、具体语言环境）中，它们却可以引申出多种意谓（所指）和意义。而这个不同的指称、意谓、意义又是从其基本内涵引申的。例如“人”这个语词通名，在“人是一个种”这个命题中表示“人”这类事物的普遍本性，而在“人是一个名词”中却表示“人”这个语词本身。“这一观点首创性地突破了孤立语词的考查而扩展到较大的句子单位和实际运用”，为语境研究的进一步发展提供了重要启示。

到了中世纪，哲学家们开始注意把语词放到不同的命题中考查它们的具体意义。在他们那里，“语词不再作为与它们的语言上下文或语境（linguistic context）完全相分离的单位来研究。吸引着人们强烈兴趣的，毋宁说是语境本身。”甚至不再把语词当作基本的意义单位，“陈述（命题）而不是语词，被看作是基本的意义单位。也就是说，语词的意义只有在陈述（命题）中才能把握。但是他们的出发点还是立足于哲学的“名”“实”关系来谈论语词的意义，把种种意义最后归结到语词所指谓的实在本质、概念、心理经验之类，以还原语词和指谓的一一对应关系，具有明显的逻辑化研究的局限性。

近代，尽管许多语言哲学家都不同程度地涉及语境问题，但真正明确提出以“语境原则”来把握意义的，还是19世纪的德国逻辑学家弗雷格。因此我认为，弗雷格是语境理论发展的一个重要里程碑。

二、语境原则的提出

在《算术基础》一书中，弗雷格首次提出“语境原则”。他从数的意义出发提出，“数的给出包含着对一个概念的表达”。即概念是数的承载者，必须在命题中、在与其他词语或物体的联系中数才有意义，不存在一个客观的“一”，也不存在抽象主观的“一”，只存在“一棵树”“一朵花”这种与具体事物相联系的数的概念。数的意义是在和具体事物的联系中获得的。为此，他为把握数的概念而提出三个基本原则，即：

①把心理学的东西和逻辑的东西、主观的东西和客观的东西明确区别开来；

②必须在句子联系中研究语词的意谓，而不是个别地研究语词的意谓；

③要时刻看到概念和对象的区别。

这里的第二条原则就是著名的“语境原则”。他认为数的得出需要到含有数的句子中去分析，他说，如果我们不能有关于数的表象或直觉，我们怎么才能得到一个数呢？语词只有在句子联系中才意谓某种东西，因此重要的是说明含有一个数词的句子的意义。也就是说，数的得出需要做语言的分析。达米特称弗雷格的这种对数的语言分析方法是哲学中所谓以“语言转向”著称的第一个典范，开启了语言分析哲学的先河。

语境原则对于一般语词的意义理解和把握同样是具有指导意义的。弗雷格本人也分析了专有名称如“柏拉图”“伦敦”等实体名称的意义问题，认为这样的名称也只有在一定语境中才获得一定的摹状关系，才有确定的指称和涵义。而且，弗雷格最初提出语境原则时没有区分“意义”和“所指”，因而该原则应该在一般意义上来理解和把握。达米特在评论弗雷格的语境原则时说，作为与意义有关的原则，我们可以认为，语境原则就在于说明，一个表达式的意义就在于专门与它在句子中的作用相联系，并且在于对任何有它出现的句子所表达思想的贡献。

从这个角度来理解弗雷格的语境原则，也可以看出该原则的普遍意义。王路也认为，既然弗雷格在提出语境原则时没有明确区分意义和所指，后人在理解其语境原则时也不应该作这种区分，而应该对“Bedeutung”一词作一般的字面理解，即它既包括意义，也包括所指，应该在这种没有区分的情况下理解语境原则。

从语境理论的发展史来看，弗雷格把握了“句子”这个重要的意义单位，继承了中世纪在命题（句子）中把握语词意义的思想，确立了句子分析在意义分析中的重要地位。他认为，“人们必须总是考虑完整的句子。……如果句子作为整体有一个意义就足够了；这样句子的各部分也就得到了它们的内涵。”

达米特在评论语境原则的意义时说，语境原则的核心意义是对句子作用的强调，也就是说，语词必须在句子中去理解。这就是说，语境原则突出了语词与含有该语词的句子语境的一般意义关系。从句子这个语境出发，可以找出作为句子的所有相关部分（即句中各相关词语）的内涵和意义。句子作为一个整体，在语言中就获得了特殊的地位，它决定着其中词语的意义。正如达米特所说，在《算术基础》中阐明的语境原则体现的不仅仅是一个词的意义与含有它的语境的一般关系；它找出作为句子的整个语境的相关部分，因而使句子在语言中有一种特殊的作用。

由此可见，弗雷格的语境原则在一般意义上就是强调意义的句子分析法。句子为先，语词为后，必须在句子中分析语词。句子是意义的基本单位。因此，我认为，弗雷格的语境原则是以句子为基本分析单位的言内语境分析原则。

三、语境原则的传播

弗雷格的语境原则在他有生之年没有得到普遍承认。但无论如何，弗雷格的语境原则还是作为语言哲学的一个重要原则传播开来，日益成为现代语言哲学的热门话题。弗雷格语境思想的认识和传播得益于维特根斯坦。

维特根斯坦在《逻辑哲学论》中对弗雷格语境原则的引用推动了语境思想的传播。他说："只有句子才有意义，只有在句子联系中一个名字才有意谓。"这一思想在他后期的研究中更加明确。在《哲学研究》中，维特根斯坦进一步发挥了语境原则。他说："一个词的意谓就是它在语言中的应用。"他把命题中规定有意义的每个部分叫做表达式（或记号），把名词看作原初符号，认为要在符号上看出记号，必须观察有意义的用法。一个符号若是无用的，便是无意谓的。即一个词的意义就是由它在有意义的语句中的作用决定的。

后期维特根斯坦与弗雷格不同，他不再关注逻辑语言，而是关注活生生的日常语言。这样，弗雷格的语境原则被发展为对人类日常语言实践的研究，从而显示出普遍的指导意义。斯鲁格甚至因此说，弗雷格的语境原则应该换成这种说法："对语言的研究，本身必须被看作是对人类实践的研究。"在他看来，理解一个词语的意义，从哲学意义上来说，需要理解包含该词的句子在人类生活中的作用和价值。

达米特在构建自己的意义理论时进一步阐发了弗雷格的语境原则，强调了维特根斯坦"意义即使用"的观点。他指出了弗雷格把句子看作专名的局限性，认为弗雷格把句子的真假看作句子的所指，寻找句子和语词的共同点，这实际上忽略了语境原则的一个重要方面。句子是语言中可以表述思想的最小单位，从而取消了句子在语言中的特殊地位。他认为，构造意义理论首先应该回答"意义是什么"的问题，这种回答应该遵循以下原则：维特根斯坦关于语词功能多样性的原则；弗雷格的语境原则和维特根斯坦的"意义即使用"原则；"意义的非具体化"原则。徐友渔在"达米特"的评传中总结说："这种回答应尊重以下原则。第一，维特根斯坦关于语词功能多样性的原则，对于'一个词意指某物'是什么这个问题不可能有统一的回答。第二，弗雷格的语境原则，一个词只有在句子的语境中才有意义，这还需要加上维特根斯坦的进一步的原则：理解一个句子就是理解一种语言，只能把词的意义解释为它对包含有它的句子的意义的贡献，只能根据句子在语言中的作用来解释句子的意义；第三，这是可以被称为'意义的非具体化'原则，它说的是，我们决不可期望能达到形如'词 X 的意义是'的说明，最多能得到这种形式的说明：'X 意指它的确意指的东西是……'"

达米特这里的第三条原则是针对戴维森的意义主张的，因为戴维森认为，一个恰当的意义理论必须包含如下形式的一切句子：S的意义是M。其中S为某个句子结构的描述，M为句子意义的表达式。这就意味着要为意义概念本身寻找特定的表达式。达米特认为这是非常浅薄的，我们这里不予讨论。而前两条原则是对语境原则的进一步强调和深化。

达米特在阐发上述原则时进一步强调，语言中的词和句子意指某种确定的东西，是因为它们在社会实践中具有某种作用。也就是说，词和句子的意指是由它们在社会实践中的作用决定的，即由语言的使用决定的。而语言的使用和实践是由理性的主动者完成的，必然带有主动者本人的动机、目的和意图。他说，如果不把语言的使用描述为理性的主动者的活动，描述为具有动机、目的、意图，这种说明是没有说服力的。这不仅说明语言的意义由语言的使用决定，而且是由理性的人有目的的使用决定的。这在很大程度上进一步深化和加强了维特根斯坦意义即使用和意图论的理论价值。

达米特既看到了句子意义的相对完整性，也看到了句子意义对语言其他单位的依赖，但从总体上说，他的意义观主要着眼于句子层面。他认为一个可接受的意义理论必须至少是分子论的，它的含义理论必须陈述一个说话人关于任何句子的意义的知识是怎样表现出来的，也就是说，他认为意义理论至少应该在句子层面建立。他还坚持认为，尽管句子不可以单个地、孤立地理解，但理解一个句子不需要理解整个语言，而只需要理解语言的一部分。

但是，达米特在后来的研究中进一步发展完善了自己的语境观。有学者认为，达米特的语境观现在已经发展为一种动态的真理观。这与语境观的最新发展是一致的。他从语形学、语义学、语用学等多个角度，对真理的形态进行语境考察，阐述真理的历史性和修正性，认为真理需要放在动态的语境中来考察，不存在“普遍接受”的真理。语境形式和内容的变化、言语者意向及文化取向的变动等，往往使真理不断地得到修正。可以看出，语境理论在达米特身上也体现着研究范围不断扩大推进的发展轨迹，表明语境研究突破言内语境局限的必然趋势。

四、言内语境研究简评

尽管上述哲学家主要还是关注句子，注意从句子出发把握语词的意义，实际上他们已经开始突破句子的局限，把语境拓展到语言外的现实，即社会情景，甚至扩展到人们的心理、意向等，从而孕育了语境的情景研究阶段的萌芽。即使在语境原则的奠基者弗雷格那里，也并未完全局限于句子层面。他在《概念文字》的序言及后来的一些文章中，多次明确论述了语言的不完善性，认为在较抽象的科学表述方面，语言不能保证表述的准确和易解；在逻辑表达方面，语言同样存在缺陷，遵守语法并不一定保证逻辑表述的正确性。看到语言的不完善性，实际上是看到了句子分析的局限性。弗雷格没有在这个问题上进一步阐述，但他在语言不完善性方面的论述启发了人们的思维，推动语境研究突破句子范围，进入更加广阔的领域。达米特在评论弗雷格的语义思想时说，弗雷格的语义思想实际上隐含着维特根斯坦的“意义即使用”的思想：含义是某种客观的东西，也就是说，可以明确地确定，两个说话者是否是在相同的意义上使用一个表达式，以及一个说话者是否能把他赋予任何一个表达式的意义有效地传达给另一个人。然而，仅当一个词的含义是只由它在语言运用中的可观察特性来决定时（亦即，只有当含义即使使用时），这种设想才是可能的；由此可知，对它的含义的把握完全是说话者使用它的方式表现出来的。因此，弗雷格的含义是客观的这一论题，隐含地预示着维特根斯坦的意义即使用学说。

可以说，以句子为语境的意义分析在历史上实际只是一个过渡的阶段。但是，作为语篇最小的意义构建单位，句子分析又是一个不可逾越的阶段。句子在语言中有着交通枢纽的地位，往下它管辖句中语词的意义，往上它是语篇的最小意义构建单位，是语段乃至整个语篇构建的基本单元。词和句、句和段（语篇）是密切关联的。然而在语言学研究史上，曾有很长一段时间存在着割裂语词和语句、语句和语境的倾向与做法，在语言本体内部形成了两种不同的语言结构研究方法，即语法学和篇章语言学。前者通常研究单个的、孤立的句子，研究词的形式、用法、句子各组成部分及其安排规律；而后者则研究交际中的语篇，研究语篇中句子的排列和衔接连贯。传统语法、结构语法，以及 20 世纪 50 年代以来在语言学领域引人注目的转换生成语法，都只是局限于句子本身及其组成部分来研究语言，而不研究句子与句子之间的关系，也不讨论句子在比其更大的语言单位中的地位和作用。这与弗雷格的做法是一脉相承的。

然而，正如一个词语在不同的句子中可以有不同的意义和句法功能一样，一个句子在不同的语篇和语境中也同样会有不同的表意作用和交际功能。不把句子放到更大的语言环境中去考察，就无法确定它的真正意义。离开语言的使用场合和特定的语言环境，就很难确定语言单位的交际功能，语言单位也无法充分有效地起到交际的作用。因此，越来越多的学者开始把注意力从句子（命题）的逻辑意义分析转向交际中实际运用的语篇的研究，从语篇层面来把握句子的意义和功能。20 世纪 50 年代，篇章语言学应运而生了。

篇章语言学的诞生，进一步加深了人们对语词意义、句子意义的认识。语篇分析从一开始就和情景语境理论有着密切关联，因为语篇（会话）分析最先是由情景语境观的研究者、伦敦学派创始人弗斯在 20 世纪 30 年代提出的，语篇分析的成功研究也首先表现在援用弗斯学派方法的领域，如米切尔运用情景语境理论，根据交际参与者和情景等因素把买卖行为分为若干阶段。尽管从理论上说，语篇分析仍然属于言内语境的范畴，属于宏观言内语境层面，而实际上，没有和（情景）语境相分离的语篇，语篇分析必然涉及言外的情景，所以语言的语境分析一走出句子范围就踏入情景语境范围，进入了语境分析的第二个阶段。

第二节　文化语境

对文化语境的关注带有较强的人类语言学特征。马林诺夫斯基在首先提出语境研究要突破语言语境的范围时，就提出了要参照文化语境来把握话语的意义。美国人类学家海姆斯在美国的人类学研究也同样关注到语言的情景语境和文化语境问题。从 20 世纪 80 年代开始，许多人类语言学家和社会语言学家如杜朗提、固德温、甘帕兹等人从不同角度探讨了语言使用与文化的关系。1992 年，杜朗提和固德温主编的《语境再思考》一书的出版，总结了 20 世纪 80 年代以来语境研究方面最新进展和重大研究成果，尤其突出了文化语境研究方面的成果。这是西方语言研究学者第一次总结文化语境研究方面的最新成果，因此，我们认为，该书的出版标志着语境研究的一次重大转折。

从时间阶段来说，文化语境的研究在马林诺夫斯基提出这个概念后就开始了。这种研究在人类语言学家海姆斯以及社会语言学家拉波夫等人那里尤其突出。伦敦学派和功能语法学派在研究的后期也把研究范畴推进到文化语境的范畴，证明他们在方法论上并没有把文化语境排斥在语境研究之外。

韩礼德等人认为，文化语境是社会机构和意识形态背景，它赋予语篇以价值，并限制语篇的解释。韩礼德等人在情景语境研究方面做得比较透彻，也为文化语境的研究提供了比较科学的参照和取向。韩礼德本人的语境观实际上也是在总结情景语境和文化语境研究的基础上建立起来的。他回顾了语境研究的两大传统，即马林诺夫斯基—弗斯派和萨丕尔—沃尔夫派，认为马林诺夫斯基和弗斯强调的是“把情景看作语篇语言（语言作为语篇）的语境”，而萨丕尔—沃尔夫强调的是“把文化看作系统语言（语言作为系统）的语境”，两大传统“密切相关、互为补充”。

人类语言学和社会语言学在语境研究上的进展，要想在语篇层面得到科学的论证，必然与韩礼德等人的功能语言学派的语境观合流与融合。只有在情景语境研究坚实的基础上，文化语境的研究才能较好地和具体语篇的构建结合起来。因此，尽管在时间上，文化语境研究的起始与情景语境研究的起始相差不远，我们仍然认为文化语境研究应该归入语境研究的第三个阶段。

一、人类语言学家对文化语境的研究

海姆斯用SPEAKING概括了语境的基本构成要素：①场景（S: setting and scene），其中setting指时间和空间，scene指周围环境。②参与者（P: participants），包括说者和听众；③目的和效果（E: ends），包括话语的目的与话语结果；④行为序列（A: act sequence）；⑤语调（K: key），即话语的整体语气和方式；⑥交际工具（I: instrumentalities），包括话语的形式和风格；⑦交际规范（N: normal interaction），即特定场景中普遍接受的交际规范；⑧语类（G: genre），即言语类型或事件（event）类型。

从列出的这些语境构成要素来看，很多要素还是和功能学派一样，属于情景语境因素。但是，“海姆斯的SPEAKING模式在话语的解释中第一次引入一个非语言的指示框架——事件（the event），体现了（语境）分析单位选择上的一个重大转折”。这一转变对语境研究最为突出的影响是产生了这样一种观念：语境不是为了解释特定语言现象而定义的，而是为了从人类学的角度描述特定文化范畴中什么事件最为重要，这些描述要在语言解释之前进行，或者在解释过程当中进行。事件中“最重要的”东西就是构成文化的主要成分，对交际事件中“最重要的”的东西的关注，实际上已经进入文化语境的范畴。所以，海姆斯的SPEAKING语境模式已经突破了情景语境的范围，涉及了文化语境的重要方面。

海姆斯的“语类”概念也把研究的视野从句子扩展到话语，并考虑到了言外语境（其中包括文化语境）对言语行为的解释作用。杜朗提借用巴赫金的“对话”概念认为，海姆斯的“语类”（genre）概念“既预设了话语分析的语言因素和非语言因素的复杂性，又为话语分析提供一个统一的整体性框架。话语行为本质上是对话性的，对社会现实具有构建作用”。可见，话语分析的单位扩大了，对话语语境的关注也加深了。这时，社会人类学家们开始思考言语行为在不同文化环境中的差异问题。他们认为，由于文化语境的差异，特定言语行为应该放在特定社会文化期待视野中来考虑，才能检验是否有效。言语行为的意义都是交际参与者对话协商的结果，杜朗提说，任何解释都是一种社会行为，交际参与者必须就话语的内容、话语解释的正确性或可接受性等问题不断磋商。

从海姆斯的 SPEAKING 而来的文化视角，既让语言学家们关注了话语的特定文化语境，也激发了他们对言语行为的跨文化差异的关注。这对于跨文化的翻译及其研究是具有积极指导意义和参考价值的。

实际上，美国人类学家对文化的关注在萨丕尔—沃尔夫那里就开始了。他们认为，语言形式决定着语言使用者对宇宙的看法；语言怎样描述世界，我们就怎样观察世界；世界上的语言不同，所以各民族对世界的分析也不同。萨丕尔 1929 年说:“所谓的客观世界在很大程度上建筑在社团的语言习惯上”；1931 年他又写道:“语言不仅谈论那些在没有语言的帮助下所获得的经验，而且实际上它为我们规定了经验的性质，语言形式对我们在世界中的倾向性有种残酷的控制。”这是一种典型的语言决定论，但是它在一定程度上发现了语言和文化的关系。韩礼德认为，尽管萨丕尔—沃尔夫没有使用“文化语境”这个概念，但他们把语言看作说话人的精神生活，因而认为语言和文化是相互作用的；社会成员的内心认识、社会现实经验的共同构建等都主要依靠语言，也是不断通过语言来验证和传播的。从这个意义上说，文化为词语甚至语法系统的解释提供语境。

海姆斯的同事甘帕兹也一直从社会文化的视角思考语言的使用问题。1975 年以后，他对语言的社会文化维度更加关注，连续发表了《社会意义的话语分析》(Conversational analysis of social meaning)、《社会中的语言》(Language in society)、《论语言和语境》(Papers on language and context)、《话语推导的社会文化知识》(Sociocultural knowledge in conversational inference)等文章，出版了《话语策略》，编辑了《语言和社会身份》论文集，阐述自己的语境语言观。他把“语境分析作为一种意义推导过程”，提出研究语境得以激发的“语境化提示语”(contextualization cues)。在他看来，不同文化的语境化提示语具有不同特色，语境化提示语的文化差异很可能导致跨文化交际的失败。通过跨文化交际的实例，甘帕兹把语法分析和文化分析结合起来，拓宽了语境研究的范围，深化了对交际中的语言、非语言符号与深层文化关联的研究。

“语境化提示语”就是帮助说话人明确指向某种推导，帮助听话人做出这种推导的一切言语或非言语符号，包括韵律特征（如重音、语调）、超语言特征（如语速、笑声）、符码选择、特定词语表达等，人们可以有意识地利用这些符号来增加或改变话语的意义。所谓“语境化”，就是说者和听者利用言语手段或非言语手段把某时某地所说的话语与过去获得的经验知识联系起来，以找回参与对话和理解意图必须依赖的各种前提假设。这里的各种前提假设是对话参与者先前获得的各种经验知识，包括社会文化的各种规范、习惯等。一切理解和推导都是语境化的过程，推导是交际双方借助文化背景和社会期待来理解话语的心理过程。勒姆克（Lemke）指出，一切意义都是通过语境化得到的；词语或短语出现时的现场意义（occurrence-meaning）、使用意义（use-meaning）或者语篇意义都完全依赖于它们的语境化。

甘帕兹指出，“语境化”概念必须以关于理解的理论为基础，必须包括以下一些基本观念：①任何话语的语境化解释（situated interpretation）总是互动的交流语境中的一种推导过程，在本质上既取决于话语内容，也取决于所说话语的理解方式。②推导是以假设为基础的（presupposition-based），因此推导是提示性的（suggestive），而不是武断性的（assertive）。包括对交际意图的初步推断，这种推断只有依靠背景知识才能确定是否正确，而不能全靠话语的真值。听者基本上是从言外之意来理解说者的话语内容的。

尽管这些背景假设以语言外的“世界知识”为基础，在任何对话中，这种知识又作为对话过程的一部分重新得到解释，并在参与者的相互作用下最终被社会所构建。

甘帕兹认为，移民在社会中能否获得良好职位有赖于他们准确理解和运用语境化提示语的能力，即依赖于他们的语境化能力。语境化是一种产生文化差异并意指文化差异的普遍过程。劳动分工是语境化的普遍性和文化异性产生的原因。说它“普遍”，是因为劳动分工是人类所有社会团体共同的特性；说它具有“文化特异性”，是因为劳动分工蕴含着不同的社会交际实践，社会群体不同，接触特定交际活动的机会就会不同。交际实践的差异将导致人们的经济地位的差异，经济地位的差异又导致语言运用的文化差异，语言运用的文化差异反过来又影响人们的经济地位。

作为对话参与者，必须明白对话的语境是什么，话题是什么，并努力使对话围绕共同的话题展开，才能保证交际成功。也就是说，对话参与者要把对话的语境化提高到有意识的熟练程度，才能保证言语交际和社会生活的成功。“对话过程是一个持续不断的语境化过程。”语境化提示语有助于说话人明示正在进行的活动及其内容，也有助于听者正确解释正在进行的活动。“当说话人的语境化提示语被误解或者被完全忽略的时候，交际就会出现问题，交际参与者就可能会‘各说各话’，谈不到一块儿去。”

杜朗提也从人类学的角度分析了语言及物性和文化之间的关系。其研究表明，在表扬或责备别人时，说话人倾向于使用明确词语来指明表达，权威人士也更易于使用明确表达；而普通百姓一般避免使用明确表达。这不仅表明，带有明确表达的及物性短语具有某种特殊的道德力量（如表扬、责备场合），而且表明，语法形式和人们的政治地位有着某种关联。地位越高，使用话语表达的频率越高。杜朗提认为，把话语分析和人种学结合起来，有助于更好地理解语法的文化问题。

综上所述，美国人类学家在关注语言的使用情景的同时，更加关注语言的社会文化语境，关注语言使用与本土知识系统和社会结构之间的关系。社会人类学家不再像形式主义者们一样，只在碰到结构歧义或者在表达举棋不定的时候才会考虑语境，而是把娴熟地结合情景语境和文化语境开展语言研究当作一种重要的能力，语言、情景以及社会文化是不可分割的整体，语言的理解和使用必须联系情景语境和社会文化语境。

二、功能语言学派对文化语境的关注

马丁等人对韩礼德语境观的扩展和改进，同样将文化语境纳入语境研究的范畴，注意到文化语境对语篇具有制约和支配作用。哈森在提出“语境组合”概念时，也阐述了她对文化语境的一些看法。

哈森认为，“语境组合的意义最终源于它所在的文化语境”。在她那里，语境组合主要是从情景语境的角度来说的，但和文化语境也有间接关联。在她看来，语境组合和文化之间是一种分层次的结构关系。文化处于结构的最顶层，它既可以通过一定的语境组合形成特定的语域值（特定值，一个特定的 FTM 值就是一个特定的语境组合），并在一定的语篇中得到体现；文化也可以游离在语境组合之外，以潜势状态存在，而不在特定语篇中得到体现。

然而，行为、存在以及话语三者与情景本身并不是相互分离的，社会以外的物理世界并没有什么固有的东西可以叫作情景。行为、存在及话语等各种方式构建的意义，即符号潜势，与重要情景值之间是一种相互定义的关系：情景并不一定是文化（situation is not a culture），即情景并不一定在某种文化中显示出重要性和意义来，但情景的意义由文化决定。她以印巴次大陆穆斯林文化圈中的一个情景来说明这个问题。在这个文化圈中有一种情景，指“人死后的第三天”。任何人过世后都有这个第三天，在西方文化中，没有哪个国家把这一天当作一个有意义的情景。然而，在印巴次大陆的穆斯林中，这一天是个很重要的情景。死者若是你的亲人、朋友或邻居，这一天你说话做事就要不一样，话语内容也很特别。有了这些文化意义，这个情景才成为一个有意义的情景；有了这个特定情景，这些意义才在这种文化中取得合法地位。哈森还指出，在资本主义国家（如澳大利亚）和第三世界国家（如巴基斯坦），都可以用“去购物”来表示到商店买东西的行为，但是这种行为在两种不同文化圈中具有质的差别。她说：“应该牢记，话语方式、存在方式、行为方式在这两种不同的政治经济文化圈中有着质的区别，无论是恰当的意义范围，还是重要的情景值，都是不一样的。”

这从一个侧面说明，文化对情景语境具有制约和支配作用。文化是由一切有意义的东西来表达的，这种意义范畴是由各种符号系统构成的，包括存在方式、话语方式和行为方式，构建起来的意义组成“重要情景值”。然而在特定文化中，哪些是重要情景因子，哪些不是，这都是由符号潜势系统决定的。一旦某些重要情景因子被固定下来，这些情景因子就为意义的恰当交流提供框架。例如年龄、地位、财富、学问等，可以作为社会阶层的区分参照。

哈森的语境组合概念是对韩礼德情景语境观的深化与发展。和马丁（Judith N.Martin）的研究一样，她也把语境研究从情景语境推进到文化语境，并颇有成效地分析了文化语境和情景语境的相互关系。在哈森看来，语言类也属于文化的范畴，这与马丁等人的观点是一致的。特定语境组合是语类语义潜势的一个特定值，影响着特定语篇的构成与表达。至此，文化语境、情景语境以及语言语境已经有了比较系统的分析和研究。

然而，无论是马丁模式还是哈森模式，都还存在一定的局限，还存在许多问题需要进一步研究和探讨。比如，在语境层次中区分出语类和语域，二者的本质区别又在哪里？既然语域拥有三个主要变项与语言的三个元功能一一对应，作为

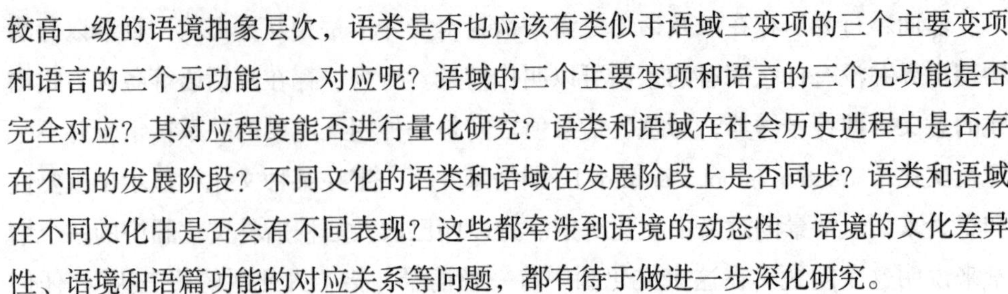
较高一级的语境抽象层次，语类是否也应该有类似于语域三变项的三个主要变项和语言的三个元功能一一对应呢？语域的三个主要变项和语言的三个元功能是否完全对应？其对应程度能否进行量化研究？语类和语域在社会历史进程中是否存在不同的发展阶段？不同文化的语类和语域在发展阶段上是否同步？语类和语域在不同文化中是否会有不同表现？这些都牵涉到语境的动态性、语境的文化差异性、语境和语篇功能的对应关系等问题，都有待于做进一步深化研究。

三、动态语境观

前述语境研究的成果表明，语篇的语言形式与语言外的情景和社会文化系统有着密切的关系。把语篇和语境的关系描述清楚，关键是要“用适当的术语把情景语境特征化，以显示语言和环境的系统关联。这就要求构建一定的理论，把情景和语篇、语言系统以及社会系统同时联系起来”，以找出语篇和语境之间的规律性联系，指导言语交际和语篇的构建与理解。

然而语境并不是静止不变的。语言外的情景和社会环境，随着社会的发展，总是处在不断的发展变化之中；语言随着社会和情景的变化也不断发生变化。这就是语境的动态性。

传统的语言学习惯于把语言当作共时的静止系统来研究，索绪尔提出语言的历时观后，人们也开始重视语言在历史进程中的发展变化，关注语言本身的动态性。俄国著名学者巴赫金在语境的动态性研究方面贡献尤为突出。它从对社会行为的研究中发现了每一次行为的语境独特性和语境整体的动态性，用巴赫金的术语来说就是“对话性”。由于巴赫金的思想到20世纪60年代后才受到苏联国内外学界的重视，因此其思想对学界的影响相对滞后；而且由于巴赫金主要从文化的视角来看待话语以及话语的构建，我们就把他的研究放到文化语境研究的阶段来讨论，旨在重点突出语境的动态性这个问题，以完善对语境观的研究。

（一）巴赫金的语境观

在巴赫金那里，对语境的动态性的关注具体体现在他的对话理论之中，源于对行为语境的关注。在其处女作《行为哲学探讨》一书中，巴赫金就抛弃了传统伦理观的“理论主义”，抛弃了对普遍概念、命题、法则的构建，主张对世界进行现象学的描述，把每一次实际发生的行为放在特定的具体语境中进行考察。他说，我们不应该对现存伦理思想体系的细节进行探究，而应该在适当的语境中来谈论某些伦理概念以及与之相关的特定问题。

每一次实际发生的行为都有自己的语境，独特，具体，且不同于历史上其他行为的语境，因此，对行为的研究应该从具体行为的解剖开始。巴赫金说：“只有从实际发生的行为内部，我们才能找到通往具体、现实的、一次性发生的整体存在的途径。”

1924 年，他还写了一篇《论语境问题》的文章，准备发表在《我们的同时代人》杂志上，参与当时形式主义和持社会学观点的批评家之间的论争。因刊物在其文章发表前就已倒闭，该文章直到 1975 年才得以发表。在对交际的研究中，他同样具有强烈的语境意识。在巴赫金看来，对所有人来说，对话是最重要的活动。对话就是一种相互作用，是一种具有“非终结性”的事件性活动。一切社会行为或心理行为在本质上都是过程性的，非终结性是确定该行为地位的关键。任何个体和社会实体都不能与持续不断的交际相分离，任何行为都不能与行为序列的整体相分离，特定行为和行为整体之间的沟通就是一种交际。交际无所不在，正如巴赫金在《陀思妥耶夫斯基著作再论》一文中指出的那样：“存在即交际”，“生活从根本上说就是对话”。他反对就交际作抽象的系统思考，主张在具体语境中理解词语和话语。他批评了索绪尔和雅可布森的“电报式”交际模式，反对把“信息”看作由说话人构建编码、并由听话人解码的东西，认为理解不仅仅是一种信息解码过程。说话人构建话语时就期待着积极的理解，并在构建话语的过程中不断地站在听话人的“异己视域”决定词语、句法、内容、语调等的取舍。因此可以说，听话人（无论是真实的还是想象的）从外围为话语赋形；话语只在生理的意义上属于说话人，作为一种有意义的交际，话语至少属于两个人——说话人和听话人。也就是说，话语至少是由说话人和听话人共同构建的。

据此他认为，交际使用的语言不能作为抽象系统来研究，而应该作为处于特定语境之中的“话语”来研究，即把语言看作超语言的或元语言的（metalinguistic）“话语”来研究。

要抓住一个词的意义，“必须把它放在一个环境中”。这环境不仅指语言文学的环境，也包括历史的、文化的环境。语词和特定历史文化中的行为及意识形态密切相关，“实际上，我们说的从来就不是词，听到的也不是词，我们所说所听的是真或假，好或坏，重要或不重要，愉快或不愉快等。词总是充满了来自行为和意识形态的内容和意义，我们只能对那些在行为和意识形态上与我们相关的词语作出反应。句子也不能看作脱离语境的词汇语法形式，而应该看作具有丰富语境特征的话语。不能像索绪尔那样认为只有“内部语言学”（internal linguistics）才是真正的语言学研究，而应该充分把握“言语交际才是语言的基本现实”。言语交际的单位是话语，话语不仅包含传统的词、句，也蕴含许多超语言的因素。从话语的角度来研究语言，实际就是研究语言的使用，这与维特根斯坦以来的观点是一脉相承的。

“话语”与“句子”的根本区别在于话语的语境多样性，“话语”处于一定的框架语境之中。在“言语类型问题”一文中，巴金指出，句子作为传统学科中的语言单位只用于一个言说（或写作）主体的言语语境。相反，作为口头或书面交际的话语，则处于多个言说（或写作）主体相互交流的框架语境之中，它与“言语外的现实语境（情境、场景、前历史）”以及其他说话人的话语直接相关，与其他话语构成对话关系。

话语的对话性源于话语的一个常被忽视的区别性特征，即话语的应答性或“言语对象性”。话语是“言语交际链的接点”，除了具有一个所指语义成分和一个表达性成分（即说写者对主题的态度）外，它还有一个更重要的区别性特征，那就是应答性或“言语对象性”成分，即一个话语和其他话语的相互关联。因此，话语的框架语境不仅包括作者（说写者），也包括作者回应的对象以及他期待得到回应的对象。作者在各种所指语义上处于积极地位，即处于和话题或主题相关的地位，是话语的一个积极的构建性成分。作者还对话语的主题表达一种评价性态度，即一种“对所指语义内容的情感性主观评价”，所指语义内容抓住的是话语的“意义”（meaning），“意义”是把语言作为系统来研究的传统语言学的研究内容。评价性态度抓住的是话语的“意谓”，“意谓”只有在由“特定现实和特定真实条件”组成的语境中才能领会，这些现实和真实条件都是超语言的或元语言的。意义只是“纯粹潜势”（pure potential），“纯粹潜势”只有在特定场合为了特定目的得到使用才成为“意谓”，即意谓的把握只有在语境中才能实现。

“作者回应的对象以及期待得到回应的对象”指作者本人以前或以后的其他话语的作者，即言语交际链中的其他接点。这些人和作者的关系多种多样，但其典型关系是：他们是和作者本人讨论同一个主题或话题的其他话语作者：“作者不是《圣经》中的亚当，面对的仅仅是原始的尚未命名的物体，第一次对它们进行命名”。相反，作者的每一次话语构建，都是对一个主题的回应，也是对其他观点、世界观、理论、发展趋势等的回应，并带有对主题的评价性态度。作者期待得到回应的人或人们，即话语对象，也是言语交际链中的积极参与者，作者的话语就是为他（们）而构建，并期待他（们）做出回应。也就是说，作者的话语构建是以前后的话语作者为框架语境的。

此外，作者在构建话语时，有意无意假定了一个理想话语对象，即“超话语对象”。“超话语对象”也是话语的框架语境之一，他 / 她“或者处于超自然的远处，或者处于超越历史的久远处”，能够“对话语做出绝对公正的回应和理解”。巴赫金称为话语的“第三方”。这个“第三方”对“我”的话语的理解优于其他任何话语对象，甚至优于“我”本人。超话语对象也是整个话语的构建因素之一，它不是一个意识形态的因素，而是一个超语言的构建成分，是一个无形的无时不在的话语“第三方”，犹如一个枪眼，一个出口，让作者从自我的经验中逃逸出来，避免受自然规定性的束缚。超话语对象的存在源于话语的本质：话语总是说给他者听的，总是希望得到回应和理解，它不会止于即时的理解，理解要持续不断地进行下去。这个“他者”甚至包括作者本人。超话语对象的存在充分说明，“我”的话语是永无止境的对话的参与者，任何个人都无法体验到对话的完结，但是这种对话必然有这么一个结论。任何话语从一开始就期待得到他者的积极回应，整个话语就是为期待得到积极的回应而构建的。

正因为话语的应答性特征，一切话语就必然具有对话性这个基本特征，或者说语境性特征。生活中的一切都是对话，存在就是对话，特定话语都是以其他话语为语境的。“存在就意味着进行对话的交际。对话结束之时，也是一切终结之日……单一的声音，什么也结束不了，什么也解决不了，两个声音才是生命的最低条件。”从对话语境来说，既没有第一句话，也没有最后一句话，而且没有边界，语境绵延到无限的过去和无限的未来。

在巴赫金看来，语境从来就不是同一的，即使在某些语境中说出的语音形式相同，其语境特征也会千差万别。因此，从本质上说，话语是不可重复的。不同话语的语境和存在原因各不相同，即使两个话语表述相同，其意谓也可能不同；同一听读者再次读到或听到同一话语，其感受和反应也会有差异。无论有多少共同点，两个话语也不会全然无异。每一个话语都是独特的，意谓也各有差异，人们对同一话语的意义的理解也各不相同。词语同样如此，任何词语都带有时代、阶层、职业、性别、文本体裁等的各种色彩，甚至还带有每一天每一刻的特有色彩。词语以及各种表达方式在色彩厚重的社会现实语境中跌打滚爬，自然就要体味各种语境的滋味，同时被赋予丰富的意图。

语境色彩（contextual overtones）（包括语类色彩、褒贬偏向、个人色彩等）在词汇身上是不可避免的。语言是差异的复杂统一体，差异的存在预示着对话的必然性，即“我”的语境的独特性决定了对话的必然性。

可见，任何语词，任何话语，以及人类的任何行为，都处于一定的语境之中。语境以“他者”的身份出现，“他者”的存在是语词、话语和行为获得意义的前提；“自我”与“他者”的对话是存在的基本条件。

巴赫金的语境概念已经突破了狭隘的上下文，扩展到人类文化的整体和绵延不断的历史长河，语境成为历史文化的综合，理解任何话语或是文学，都不能与这种整体语境割裂开来。整体语境的扩大与个体语境的局限成为巴赫金对话理论的基础。

（二）巴赫金论话语的对话性

语言的对话性观念是巴赫金 1924 年以来思考的主题之一。对话理论是巴赫金对世界的存在状态、构成方式以及发展过程的总的看法和观点。“对话”即“对立和斗争”，对立和斗争无处不在。在巴赫金看来，无论是文化界还是自然界，个人意识还是现实言词，都不可避免地存在着两种力量之间的斗争：一种是向心力，一种是离心力。语言的丰富性体现着语言的离心力。在巴赫金看来，不存在传统语言学家所假定的那种“一般性语言”。不管是自己体验世界还是对他人描述世界，我们使用的都不是单一的共享语言，而是互有重叠、互有冲突的多种语言变体，如法律语言、大众语言、技术语言、文学语言、不同年龄团体的行话等。无论使用哪种变体，语言的多样性或者语言复杂性都以潜在的状态存在着。而且，任何话语都是在和其他不同语言变体的相互关系中获得自身意义的，和这些语言变体的对话不可避免。从这个意义上说，对话理论是对任何文化中相互竞争的多种语言的意义构建方式的研究。

语言的“竞争”源于一种企图把多种语言统一为一种官方的一元化语言的文化定势，语言的一元化趋势体现着语言的向心力。然而，随着社会条件的不断变化，新的语言不断产生，从而不断地冲击着语言间旧的关系，形成新的关系，瓦解了这种企图。因此，“语言–言语的真正现实不是语言规范的抽象系统，……而是在话语中实现的言语交际的社会事件”。话语是语言的存在现实，话语是对话的交际。话语是对他人说的，这个“他人”有时也包括作者自己；而且从根本上说，我们说话时根本没有创造语言，语言一经说出就是在引述他人的话，即话语一经说出，就参与了对话。

对话关系不是在语言的抽象系统中实现的，只有对话语产生的实际社会历史环境做出超语言或者元语言的理解才可以把握，即只有在具体的言语交际中才能把握对话关系。对话关系是言语交际的核心，因此，巴赫金的言语交际也叫作“对话交际”。对话交际是“并存的差异之间的交流”，“语言只能存在于使用者之间的对话关系之中，对话交际才是语言生命的真正所在。语言的整个生命，无论在哪个领域（日常生活、公文交往、科学、文艺等），无不渗透着对话关系”。话语的各种构建成分（说者或写者，作者回应的对象以及作者期待得到回应的对象，超话语对象或理想对象等）都处于话语的框架语境之中，相互对话，而不是相互隔离。

从宽泛的意义上说，巴赫金认为人类的一切话语都是各种对话关系构成的复杂网络。“这（对话关系）几乎是无所不在的现象，它浸透了人类的一切语言，浸透了人类生活的一切关系和一切表现形式，浸透了一切蕴含意义的事物。”“凡是能表现一定意义的事物，相互间都有对话关系，只要这些事物是以某种符号材料表现出来的。”对话不仅可以在日常言谈中传情达意、指物述事、以言取效的语言功能，也不仅仅具有交际那种开放自我、走向他人的社会化功能，它还具有统摄世间万物的结构功能。甚至连世界的本质都可以归结为对话或者对话性。

对话关系不仅为单一话语赋形，也为整个文化赋形。在“小说的话语”一文中，巴赫金对这些对话关系何以先行存在并影响每个话语的形式做出了解释，他说，现存话语在特定社会环境的特定历史时期获得形式和意义，就不可能不对现存的千百万对话有所改善，不可能不成为社会对话的一个积极参与者。这些对话是由环绕特定话语对象的社会意识形态编织出来的。在“给《新世界》杂志编辑部的回信”中，巴赫金解释了对话关系何以构建整体文化，他认为，从文化和跨文化的视角看，对话关系就是站在其他文化的角度看待每一种文化，其理由是，在文化王国里，旁观的视角是通往理解的一个极其强大的因素。只有在“他者”文化的眼睛里，文化的展现才会充分、深刻。

对话关系在文化的边境展开，对话关系也是“文化的最激烈最富有创造力的生命”得以体现的场所。也就是说，对话性以他者的存在为前提。所谓“他者”，是指一切与我相异且外在于我的主体或主体性存在，包括具体的你和他，也包括蕴含意义的各种物质的或精神的存在和环境，甚至包括我试图摆脱的那部分自我或自我意识。世界产生于“我”与“他者”的相遇。

对话关系的根本动因是个体话语的积极性，个体的积极性影响着它们在文化整体构建中的适当作用的发挥。巴赫金称，实践了一定行为的任何“自我”在存在的构造整体中都具有无法取代的地位。由于“我”的地位无法取代，也由于“我”的地位一方面是给定的，另一方面还需要去争取，“我”必须展现“我”的无法取代的价值。在争取地位的过程中，“我”参与到一个独特的统一整体那种实实在在、一次性发生且永不重复的对话之中。

因此，话语（文本）的理解是建立在与其他话语的相互比照的基础上的，话语（文本）的理解是一种动态的对话运动。它的出发点是该文本，向后运动是过去的语境，向前运动是对未来语境的预测："文本的每一个词语（每一个符号）都引导人们走出文本的范围。任何理解都要把该文本与其他文本联系起来。……"文本只有在与其他文本（语境）的相互关联中才有生命。因此，不同的文本互为语境，形成对话关系。语言不再是传统语言学意义上的词典词语，而是具体语境中的“言语”。因此，巴赫金的语言概念的基本模式是：在特定时间、特定地点，两个人在特定的对话中互相讲话。他们通过可能存在的各种语言给各自造就的一切机会，来确定自己在特定历史时刻的特定意识，并表述为各自的言语。话语的意义不是由至高无上的个人意志决定的，而是由其特定语境决定的。语义在社会中产生，社会是语义的背景，“任何言语事件都不能归功于说话者独自一人，任何话语都是不同说话者相互作用的产物，是话语产生的整个复杂的社会环境这种宽泛语境的产物”。

语言系统的意义范围是非常宏大宽泛的，然而在特定的社会历史语境中，某些特定意义将被激活（triggered off），而其他一些意义却受到抑制（suppressed）。对话的思想从根本上瓦解了说话主体作为话语本质意义保证人的中心地位。

综上所述，任何话语都是不同元素相互作用的产物，是话语产生的复杂社会情境整体这种宽泛语境的产物。对话是一种“差异共存”的复杂状态，是一个意义增值的动态过程。宽泛的社会历史语境是对话的舞台，并构成话语的框架语境。各个元素处于话语的框架语境之中，和其他元素展开对话。它们既展现自己的独特性，也倾听他者的声音，并根据语境的发展调整自己的话语，和其他因素一道，创造新的话语。每个元素的意义都是在与他者的对话中呈现出来的，不存在绝对权威的声音，只有不断切换的话语角色。对话是一个永无休止的动态过程，对话是存在的生命力所在。

（三）语境的动态性

从巴赫金的语境对话理论可以看出，语境范围的扩大必然蕴含着语境的动态性与流动性，而语境的动态性又必然蕴含着话语的对话性。巴赫金不仅从文化的角度看出人类行为的语境独特性和动态发展性，也通过对陀思妥耶夫斯基作品的分析得出了话语（语篇）的对话性或者“复调”特征，即多个声音互为前提，互相衬托，互相作用。

意义就是在多种声音的相互作用中构建的。这从理论上瓦解了文本意义由作者规定的传统观点，指出了意义的构建性特征。而意义的这种构建性特征是源于语境的动态性的。

哈森沿着马林诺夫斯基—弗斯—韩礼德这条语境研究线索，也指出了语境的动态性。她说，尽管每一个情景语境似乎都是特定个体的一次特定构建，我们必须考虑到“互动”这个事实，个体对语境的主观（subjective）构建必须从主体间性（inter subjectivity）的角度来理解在对话模式的语境里，语境的合作与磋商是必然的。她认为，语场和语旨是处于机构化（institutionalized）和个体化（individuated）之间的一个连续体，人们在连续体上的位置、行为方式和话语方式都各有差异，交际双方构建语境实现推理的过程也会有差异。在机构化的语场、语旨里，如应聘的场合，应聘者不太可能采取一种随意的话语方式和行为方式，否则会被认为是不得体。在这种语境中，说话人构建话语的语境不是由他个人决定的，即语境不是个体化的。他必须把面临的对象以及语场的实际考虑在内，以便构建合适的话语语境和行为语境。从这个意义上说，语境的动态性表现为语境的非个体自主性。即使在一种独白语境里，虽然没有明显的角色互换和语境磋商，说话人还是要考虑自己的目的是什么，对象听众是谁，如何才能实现目的等问题。纯粹的独白语境和独白话语是不存在的。这与巴赫金的“存在即对话”的观点是一致的。话语的语境不是由话语个体决定的，这是语境动态性的一个重要方面。

交际参与者对语境的有意识操控是语境动态性的另一个方面。甘帕兹在语境化提示语的构成中引入了“符码选择”，认为在同一交际过程中，交际者可以根据需要交替使用多种符码，以实现特定的目的和功能。道尼斯指出，最终选择哪种符码是由交际者决定的，他可以有意识地选择合适符码，为自己的言语交际创造一个有利的语言环境。交际参与者有意识的语境构建活动成为语境动态性的动力。用巴赫金的话来说，就是各个相关因素个体的积极性决定了语境的动态发展。对个体的积极性和个体意识活动的关注自然把语境研究与人类认知结合起来。

维索尔伦也借用巴赫金的对话性概念，从语用学的角度更加明确地讨论了语境的动态性问题，用他的术语说，那是语境顺应问题。他从语言选择顺应、语言结构顺应以及对顺应过程的意识程度等方面阐述了语境顺应的动态性，认为不断磋商是实现语境顺应、达到特定交际目的的必由之路。由于维索尔伦综合了语言语境、情景语境、文化语境以及人类认知等多种因素，体现了语境研究综合化倾向。

欧·道尼尔在回顾了语境动态性观点的历史发展后认为："一切语境都是动态的，看似完全的语境只能算作人为创造的把握瞬间时间跨度的一种东西，是为事后分析服务的。"他认为，语境的动态性是从交际的过程来说的，动态语境随着交际的进行不断构建交际过程。他引用塞夫廷的动态—静态连续体来说明语境的动态性。也就是说，时间间隔越短，越容易感觉到周围物体的运动和变化。语境的动态性与此类似，如果用栅栏、房子、山脉分别代表文本语境、情景语境、文化语境，则文本语境的动态运动表现最明显，情景语境次之，文化语境动态运动最缓慢。只要把交际活动看作一种运动和过程，语境的动态性就是语境的一个必然属性。

第三章　提高本土文化输出能力为导向的大学英语教学生态模式

第一节　大学英语教学中的文化教育

一、英语教学中的文化教育

我国的大学英语教学以往受结构主义语言学的影响，将大部分的焦点集中在对语言形式的教学上。英语教学几乎脱离了社会文化成为了单纯的语言技能训练，文化教育在英语教学中所占的比例极低。现在，文化教学已经被认为是英语教学中不可或缺的，也是实现跨文化交际必不可少的一部分。许多专家学者著书立说，探寻将文化巧妙地融入英语教学中的方法和途径，经过几十年的发展，文化教学的研究与实践取得了丰硕的成果。然而，我国英语教学受教材的限制，倾向于介绍西方的文化和历史；学生课外读物也是西方的文学作品；学生的英语角谈论的是西方的舆论话题；英语晚会也是表演和模仿西方的戏剧。在我们的日常教学中以及英语教材中，几乎找不到本土文化的踪迹，也缺失类似用英语讨论中国舆论话题的练习。如传统假日，教材中常常会提及感恩节、圣诞节、万圣节、情人节等西方的传统节日。而春节、清明节、端午节等中国的重要传统节日，却几乎不曾在教材中见到。

这种缺少或缺失，表面上是我们的疏忽，而从本质上讲是一种态度——我们的英语教学从根本上就缺少对本土文化的尊重，导致学生对本土文化的严重不自信，却盲目崇拜外国文化。所以，我们所教育出来的栋梁之材渐渐成了一个给英语国家传话的工具。这一现象也就很好地解释了为什么学生可以用娴熟的英文讲述西方圣诞节、万圣节、情人节，而在介绍中国的清明节、春节、端午节时却只能张口结舌。学生们对 Coca-Cola（可口可乐）、sandwich（三明治）、hamburger（汉

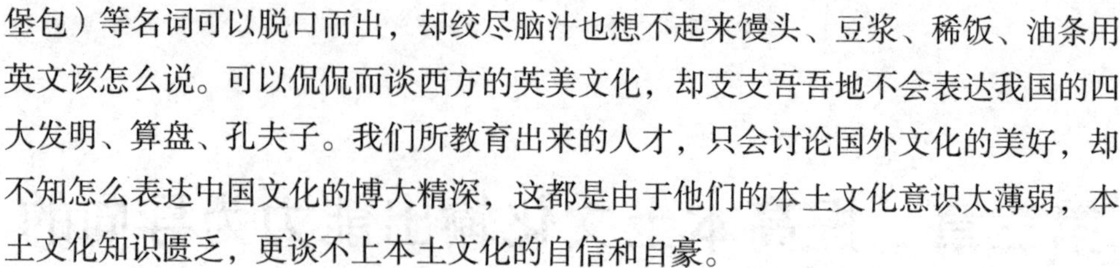
堡包）等名词可以脱口而出，却绞尽脑汁也想不起来馒头、豆浆、稀饭、油条用英文该怎么说。可以侃侃而谈西方的英美文化，却支支吾吾地不会表达我国的四大发明、算盘、孔夫子。我们所教育出来的人才，只会讨论国外文化的美好，却不知怎么表达中国文化的博大精深，这都是由于他们的本土文化意识太薄弱，本土文化知识匮乏，更谈不上本土文化的自信和自豪。

二、本土文化的概念界定

最早的文化定义是英国学者泰勒（Tylor E.B.，1832—1917）于1871年在其所著的《原始文化》中提出来的，泰勒认为“文化是一个复杂的整体，它包括知识、信仰、艺术、道德、法律、风俗以及作为社会成员的人所具有的其他一切能力和习惯”。在文化学研究的历史上，泰勒的文化定义曾起过重要作用，但其实它本身也存在片面之处，比方说，对于文化的描述以及在列举构成文化的诸要素时，没有把十分重要的物质文化涵盖其中。至此之后，人们对文化的概念又做出了各种各样的解释。1952年，美国学者克罗伯（Kroeber A.L.）和克拉克洪（Klukhohn C.）曾搜集了一百多种不同的文化定义。当然不同的研究是从各自不同的立场和观点出发的，因此对文化做出不同的界定，是十分正常的事。

文本所阐释的本土文化不等同于中国文化或传统文化，中国历史悠久，其丰富的文化自然也是源远流长、博大精深，根据时间的发展，可将其分成传统文化与当代文化这两大类。教育界中常常所提及的中国文化的教育要得到加强，这里所说的中国文化一般指的是中国传统文化。张岱年表示，“中华民族为人类所做出的最大贡献就是中国文化，它由经典的文化典籍、灿烂的文学艺术、睿智的宗教哲学、精湛的科学技术、特殊的文字语言、深入人心的道德伦理等这些基本内容，完美地组合在一起共同呈现出的就是中国文化。”而李一宇则认为，“中国文化是中华民族在中国古代社会形成和发展起来的比较稳定的文化形态，是中华民族智慧的结晶，是中华民族的历史遗产在现实生活中的展现。”中国传统文化包含了丰富的物质文明和精神文明。

本土文化主要是指扎根本土、世代相传、有民族特色的文化，是在中华文明发展过程中，经过历史淘汰和选择，被人们所公认、代表中华民族文化水平的、蕴含中华民族对社会和自然精心思考的文化精髓。它也是传统文化进行整合发展的一种文化形式，既有历史传统的积淀，也根植于现实生活的变化和发展，是本土内独创的一种文化形式。在大学英语教学中融入本土文化的内容，并不是要

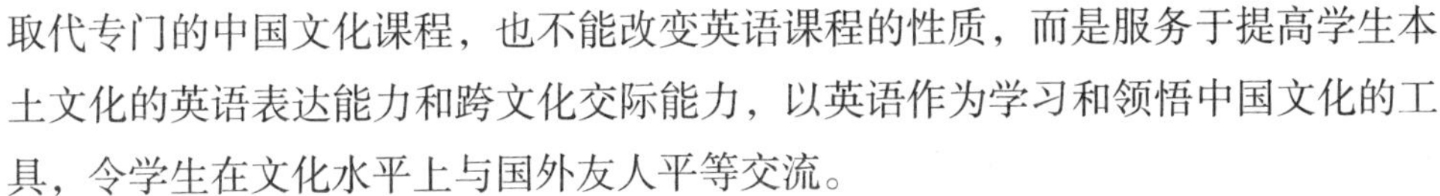

取代专门的中国文化课程，也不能改变英语课程的性质，而是服务于提高学生本土文化的英语表达能力和跨文化交际能力，以英语作为学习和领悟中国文化的工具，令学生在文化水平上与国外友人平等交流。

第二节　教育教学中生态概念的引介

一、生态哲学与教育生态学

（一）生态哲学

生态哲学（Ecological Philosophy）是一门相对独立的哲学学科，本质上是一种理性的反思活动，它以生态学的理论为基础，借助哲学概念体系和思维方法，经理性的抽象和概括而构建的理论体系。生态哲学的研究对象包括一切生物体在内的周围事物及其存在的环境。生态哲学是反思人与自然关系及社会演化进程，对当今社会面临的生态危机的反思基础上展望人类生存、发展和前进等活动中提升出来的哲学形态。现代生态哲学以人与自然的哲学关系为基本命题，追求的是人与自然的和谐、健康发展，并且实现人与社会可持续发展的最终目标，因此为世界可持续发展提供理论支持，是可持续发展理论的一种哲学基础。而随着时间的推移，生态哲学成熟的方法论已经被应用于越来越广阔的科学领域中，也为其他的科学提供了一种全新的思维方式。

本节以生态哲学理论为基础，用持续发展的思维来诠释大学英语教学。如果我们可以把大学英语教学看作一个整体，那么其中影响教学的各个要素就是我们需要研究的问题，运用整体、立体、全面、动态的眼光去看待各个要素之间的关系及其对大学英语教学的影响。突破传统的二元、对立、狭隘的视域，真正突破静止、单一、平面化的研究状态，消除陈旧的观念和学科意识，运用生态哲学的生命整体观思维来审视大学英语教学中存在的问题和不和谐因素，进而找到如何将本土文化融入大学英语教学，使优秀的本土文化得到有效的传承。把科学的研究方法推进到世界文化教育大环境与本土文化教育环境中去，用开放立体的思维方式研究教育的现实状况与历史经验、学生与教师、语言与本土文化、人的发展与社会发展。本节在整体生态观和生命整体观指导下研究有效提高学生本土文化输出能力的大学英语教学生态模式。如果说生态哲学可以作为方法论武器来使用，那么教育生态学则是能有效指导教学模式构建的理论基础。

（二）教育生态学

教育生态学（Educational Ecology）是一门由教育学、生态学、心理学和社会学等学科相互交叉渗透而形成的边缘学科，它是依据生态学原理，特别是整体、联系和平衡等原理和机制，考察系统内部各个结构与周围环境的相互关系、相互作用和相互适应，研究各种教育现象及其成因，探讨教育生态的特征和功能及其演变和发展的基本规律，如教育生态系统、教育生态平衡等，探寻最佳的教育生态结构的途径和方法并建立科学的教育生态系统。

教育生态学是研究教育系统内部诸要素之间的相互作用及与其周围生态外部环境（包括个体心理环境、班级课堂环境、学校环境乃至社会环境）之间的能量、物质和信息交换，探究“人—教育—环境”构成的充满适应与发展、平衡与失衡、共生与竞争的矛盾运动的社会生态系统。教育生态系统是由宏观大系统和各种类型的微观子系统构成的。宏观生态是指教育生态的总体结构，包括层次结构（如学前教育、初等教育、高等教育）、管理结构（指从中央到地方各级教育行政管理部门）、类型结构（如普通教育、成人教育等）、专业结构（指中、高等教育中的专业设置）和地区分布结构（指学校分布）。微观生态是指学校内部的组织结构、师资结构、资金结构、课程结构、专业设置、教学结构、目标结构等，研究的重点是解决学校内部的管理问题，分析环境因素与校园生态关系及其对教育的影响。教育生态本质上是一个宏观微观相互渗透、纵向横向交错、动态静态相结合的网状结构，具有开放性、目的性、有序性、整体性等特点。其主要发挥着培养人才，交换系统内外部能量、物质、信息的作用。培养人才主要指相各关教育机构通过对人才的教育培养，以解决社会上的人才短缺满足社会需求；能量的交换主要指教育各机构、单位与社会上的资金、人才、教学人员上的互相交换；信息交换则主要指信息在教育机构内外的流通反馈，学生、教学人员、环境以及教材都能影响到信息交换的实际效率。

本节利用教育生态学理论，在实际操作中，主动调动一切有利因素去分析英语教学的生态模式，用生态环境去规范、控制和优化大学英语教学中的本土文化教学，使本土文化教学与语言教学和谐共存，使之在互利、互补、合作中进行。运用教学生态学知识研究教师与学生之间的关系，从而拓展学生发展的生态空间，以提高教学质量。实施从教学目标、教学内容、教学方法到教学评价等多方面的改革，使本土文化教学在英语教学中担当起传承本土文化，改善文化失语，提高学生本土文化输出能力的作用。

二、外语教育生态研究

国内外语教学界从事外语教育的生态化研究始于20世纪80年代。而在这方面张正东教授的研究时间较早。他在研究中国外语教育教学过程中始终把整个外语教育视为“有如一片茂密的森林，绝不会只生长单一树种”的生态，认为外语教育根植于中华文化的“天人合一”理论，外语教学是一个“统一、和谐、平衡、循环”的过程。他所提出的外语立体化教学法理论本质是:全面考虑、从国情出发、包容百家，这一理论打破了西方只从目的语出发的外语教学来研究的传统，他将外语教学和社会环境、文化、经济有机结合，最终形成大外语教育观，这也让外语教育拥有了更加广阔的发展空间。

在外语教育生态研究方面另一位值得关注的人物是曾葡初教授。受张正东教授的影响，曾葡初自20世纪90年代对英语教学环境进行了相关的研究，他的《英语教学环境论》一书更是得到国内学术界的赞扬。该书以环境为主线，将英语的教学环境作为主要的研究对象，详细分析了英语教学中文化、教学、语言、课堂等环境的基本概念及其意义，这本书融入了生态哲学的思想内涵和思维方法，对本章有很大的启发作用。近年来，外语教育生态研究开始向认知生态系统拓展和延伸。认知生态学认为，认知包括感知、学习、工作记忆、注意、长时记忆和决策这几个相互关联、不可分割的组成部分。认知生态学把人的这种认知的加工、提取信息的工程视为一种生物现象。在认知生态学的基础上，学者开始关注外语学习者的认知生态系统。认知生态系统是指学习者本身内在的认知系统，该系统由意图、认知、智力、动机、学能、母语、二语等因素构成。认知生态系统与语言接触量、年龄、受教育程度等因素交互，这些因素还与外语环境即社会生态系统交互。所有这些内部的和外部的因素构成了一个复杂的语言学习动态系统，在外部和内在资源的作用下不断发生变化与波动。认知生态系统理论拓宽了外语学习与习得的研究视野，帮助人们更加全面地理解外语学习者的认知过程，对于本章有一定的指导意义。

陈坚林曾提出:“外语教学是一个系统，除了用系统论的方法，还应以生态学视角来看待和处理外语教学中的各种问题。因此，外语教学系统实际上还是一种生态系统。”也就是说大学英语教学是一个整体，其各个部分相互制约、相互作用。那么将教育生态学理论引入外语教学，就是要综合研究外语教学的生态系统，分析系统中各要素的生态位现状及其发展与变化，探讨如何维持教学生态环境的动态平衡。

第三节 大学英语教学生态模式的构建

当今我国在大学英语教学还存在重视形式教育与应试教育，忽略文化基础与学生能力的培养等问题。高校英语教学改革的主要目的就是要进一步增强学生听、说、读、写等方面的基本能力，促进学生英语综合应用能力的提高。要想真正解决这些问题，首先要培养教师的生态教学理念，使教学生态模式代替传统的教学模式，从而实现“知识课堂”向“生命课堂”的转型，改变传统封闭式课堂教学的理念，走上课堂教学开放的道路，改变学生“苦学苦思”的状态，引导学生“乐学活用”。其内涵是使课堂教学由知识世界回归人的世界，实现学生全面发展的同时也提高了教师的创新力和发展力。具体到实际的教学活动中来说，老师要尽可能地满足学生身心的发展要求，进一步开发学生实践与感悟的能力，进而使老师和学生产生一种共鸣，两者在学习中形成互补，使课堂教学充满动力与活力。老师在教学的过程中要摆脱传统教学的惯性，大胆探索，将新的理念充分融入课堂的教学中，落实到学生的成长中，才能彻底改变不和谐“一边倒”的教学状态，实现高效的、和谐的课堂教学。当然教学模式的创新，需要从教学目标、教学内容、教学方法和评价手段等多个方面进行研究探讨。

一、教学目标

2015 年教育部关于《大学英语课程教学指南》指出：“大学英语的教学目标是培养学生的英语应用能力，增强跨文化交际意识和交际能力，同时发展自主学习能力，提高综合文化素养，使他们在学习、生活、社会交往和未来工作中能够有效地使用英语，满足国家、社会、学校和个人发展的需要。”在这个纲领性的文件中，“跨文化交际”和“提高综合文化素质”是关键词，表明大学英语教学不仅要强调语言知识和技能的掌握，也要培养学生的多元文化素质和跨文化交际能力。因此要重构文化观，不应只把英语国家的流行文化作为文化教学的主要内容，还应该选择优秀的本土文化，只有熟练地掌握本土文化内容、流畅表达本土文化思想，才能谈及其他文化的习得，从而融会贯通而不失本。

因此设置准确的整体教学目标显得尤为重要，近年来的基础教育改革要求以学生为本，注重学生的自由发展，反对精英主义，希望学生们能够得到全面发

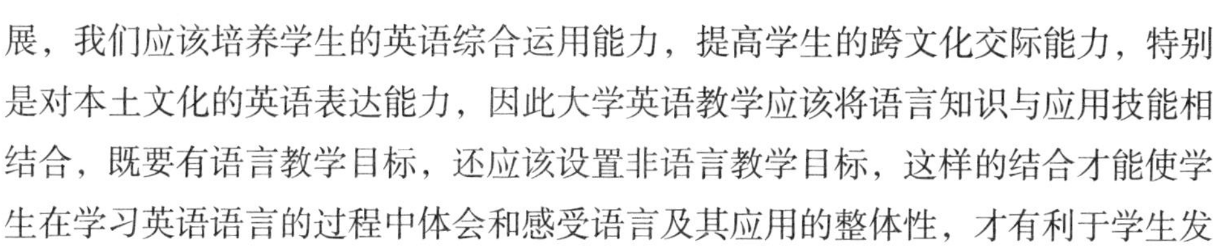

展，我们应该培养学生的英语综合运用能力，提高学生的跨文化交际能力，特别是对本土文化的英语表达能力，因此大学英语教学应该将语言知识与应用技能相结合，既要有语言教学目标，还应该设置非语言教学目标，这样的结合才能使学生在学习英语语言的过程中体会和感受语言及其应用的整体性，才有利于学生发挥自身潜能，得到全面发展，以便更好地为文化输出做准备。

1. 语言知识目标

在选定英语语言知识目标时，首先应该要求学生学习和掌握英语中的基本语言知识，如语音规则、拼写规则、语法规则、语义规则、语用规则等。其次对于学生的词汇量、写作能力以及听说能力等应该达到的水平给予明确的规定，为英语语言实际运用能力的提升打下坚实的基础。这些目标的设定都应该围绕和参照国家英语课程标准中对英语语言知识的二级、五级和八级的分级目标，然后根据实际情况进行适当的调整，合理地选择适合学生发展的语言知识目标。

2. 文化知识目标

当代学习者担负着本土文化输出的重任，因此在设置文化知识目标时，应该从两方面入手，首先应该了解和掌握目的语国家的文化习俗和风土人情，其次更要对优秀的本土文化进行深入的学习和研究，在了解本土文化的基础上建立多元文化意识。可以根据学生的兴趣选择适合学生的本土文化典籍作为教学内容，充分调动学生学习优秀文化的积极性。还可以设置阶段性目标，对一段时期内学生掌握本土文化的英语表达进行考查，通过了解学生的掌握情况设置最终的本土文化及目的语文化教学目标。

3. 全面发展为目标

整体教学目标的设置，首先要贯彻“为了中华民族的复兴，为了每个学生的发展”的语言教学理念。现今的基础教育改革最显著的特征就是强调教育要以人为本，注重学生“全人”的发展，反对我国传统教育一直奉行的权威主义和精英主义教育，要求所有学生都能获得全面、自由的发展。因此，要让学生在学习英语语言技能的同时感受语言学习的乐趣，在提高交际能力的过程中也能提升其文化素养。语言目标与非语言目标相结合才有利于学生发挥自身潜能，最终实现人的全面发展。

二、教学内容

任何教学模式都离不开教学内容，因此选择教学内容也成为构建教学生态模式的重要环节之一，教学内容一般包括课程标准、教材和课程等。

课程标准的研制者程晓堂等人认为,《英语课程标准》有三大理论的支持：语言观、语言学习观和语言教学观。语言观是人们对语言的本质以及学习语言的意义的理解，彰显了外语学习对个人和社会的意义。语言学习观是人们对“语言是如何学习的”问题的理解和认识，它强调语言学习应该在各种思维训练活动中发展语言能力，而不是把语言单纯看作一个知识体系来记忆和学习。语言教学观是基于一个完整的语言教学理论体系，回答“教什么”和“怎么教”的问题。

教材是教学的主要依据，也是一种关联的纽带，它在整合自然、社会和文化，它也在沟通科学世界和生活世界，在这些关联和纽带中，学生始终是纽带的重要一端，因此教师对教材深入研究时都不能脱离这种关联。教师应不断寻找教材与学生的内在联系，实现教师、学生和教材之间的对话，从而实现知识的共同构建和理解。

英语作为一门外语课程，其最大的功效是促进人的跨文化理解和交际能力。因此在挑选英美文化知识时，应该注意如何将中西文化有机地结合起来，既能让学生热爱本土文化又能兼顾理解西方文化。我国英语教学最初设置英语课程的目的是为国家政治、经济服务的，由此，我国英语课程作为国家社会本位性取向较为严重。到了20世纪八九十年代，随着国家对外开放的力度的加大，英语课程的价值取向转向了工具性与人文性相结合的取向。《义务教育英语课程标准》(2011年版）最大的亮点和突破点是把义务教育阶段英语课程的性质明确界定为“工具性和人文性双重性质”。进入21世纪，随着我国加入WTO，以及全球“地球村”的日渐成型，我国英语课程中文化知识的选取越来越注重本土文化与西方文化的和谐共生。英语学习一方面应该加强东西方文化的相互了解与理解，更应该通过语言学习促进世界的和谐、健康、可持续发展。

从学习英语语言文化知识上看，一方面学生学习英语国家的社会文化，了解其文化习俗，促进国人对西方文化与价值观的理解，更好地将其文化内涵与语言学习联系在一起。另一方面，还要立足把英语作为媒介向西方介绍中国优秀的本土文化，以便西方人能理解中国文化和价值观，达到传播优秀本土文化的目的。长期以来，我国的各级各类英语教材“用英语表达本土文化”的内容相当缺乏，

以致学生在和外国人交流时无法有效地传递本土文化，造成英语表达本土文化的“空缺”。很多中国语言学习者成了“外国通”，而对自己文化一问三不知，从而出现了不少让人啼笑皆非的笑话，也使得国人在谈及本土文化时成为了“聋哑人”，这样的现象是非常不正常的，一个无法谈及本国文化的学习者也无法得到别国学者的尊重，使得“跨文化交际能力”成为了空谈。

因此，在教材的编写过程中，要适当地调整教材的内容，加入一些中西文化对比的文章作为课文，同时在练习题的设置中也应该加入一些使用英语表达本土文化的训练，把本土文化渗透到课堂的各个环节中，这样就能培养学生对自己母语及其文化的理解与热爱，能推广和发展自己的民族文化，让外语教学真正成为沟通跨文化交际的桥梁：既能引入外国文化，又能推广本国先进的优秀文化。尤其要通过英汉两种语言所承载的文化差异来提高教学效果。因此，科学的生态模式下的语言文化知识内容的选取应该正确处理外国文化与本土文化的融合问题。在学习西方文化的过程中，适当增加中国社会文化的容量，阐述中国文化传统及先进理念。在文化知识的选取上，应平衡兼顾本土文化与西方文化知识，培养既了解西方文化又精通热爱本土文化、能学贯中西的本土文化传承者和接班人。

三、教学方法

1. 讲授方法

英语教学生态模式在选择教学方法时候应该体现灵活性和切实性，而反对教学方法的单一性、绝对性和权威性，只要能促进学生语言知识、文化知识、语言技能和学生的全面发展的教学方法都可以引入英语教学生态模式之中来。

具体而言，要让教师从传统的教学方法中解放出来，采用多种教学方式来提高大学生英语的应用能力和文化输出能力，促进学生提高学习效率。在多种教学方法中，直接采用教师与学生会话、交谈的方式，提高学生的听说能力，但对语法讲解不足，导致学生写作能力不强。而认知法可以让学生举一反三，调动学生的主动性，利用所学知识去探索未知的知识，这就是智力和语法所起到的作用，但认知法的缺点是忽视学生的交际能力，因此我们可以用交际法和情景法来设置情景，提高学生的交际能力，可以将传统的翻译法和直接法、情景法、认知法、交际法和任务驱动型教学方法相结合，采用以直接法和认知法为主，其他几种方法为辅的方式，形成平衡和谐的教学。在积累知识、趣味学习和交际对话基础上，

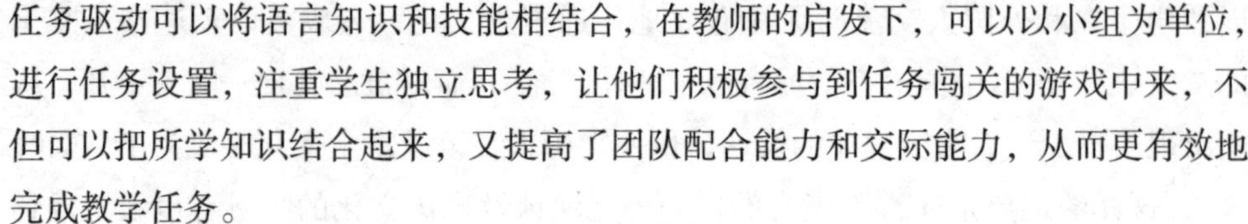

任务驱动可以将语言知识和技能相结合，在教师的启发下，可以以小组为单位，进行任务设置，注重学生独立思考，让他们积极参与到任务闯关的游戏中来，不但可以把所学知识结合起来，又提高了团队配合能力和交际能力，从而更有效地完成教学任务。

2. 文化沉浸

现在许多大学生对中国古代著名的思想家、教育家知之甚少，对于中国文化典籍等更是说不清楚。此前，在上海外语教育出版社主办的首届华东地区英语专业教学研讨会上，外国语大学何兆熊教授呼吁，英语专业发展必须回归“本色”，再次强调英语教学不能忽视文化熏陶。语言是文化的载体，同时语言也是文化的主要表现形式。不同的民族由于其各异的风土人情、风俗习惯而导致其文化也是千差万别的，同时各民族的文化和社会风俗又都在该民族的语言中表现出来。因此，语言无法离开文化，文化依靠语言。从某种意义上讲，文化其实并不是教师教会的，也不是教材特有的，而是学生在各自的文化环境中洗礼出来的，即文而化之。因此，沉浸法就是教学活动中最好的文化知识熏陶的方法，它能够营造英语语言文化的课堂内外的文化环境，使学生沉浸在英语语言文化与本土文化交融的氛围中，从而达到文而化之的效果，使文化在学生体内“自然的流淌”。

美国语言学家克拉申（Krashen）教授在20世纪80年代初期提出了“语言输入说”（Input Hypothesis），他认为促成语言习得的发生就要为学习者提供所需要的、足够量的可理解输入。因此，语言输入是语言习得的首要条件，只有大量的语言输入才有可能促成语言习得的发生。根据这一观点，在外语学习环境中，语言输入同样是第一位的，也是促进语言习得发生的基础，而这种语言输入必须是有效的。有效的输入应具有可理解性和趣味性的特点。

首先“可理解的语言输入”对掌握语言是非常重要的。无论是母语的自然“获得”，还是二语、外语等其他语言的学习，都需要有足够的可理解输入。在日常教学中，我们可以用英文讨论，英文解释解答本土文化问题，以此提高学生的本土文化英语表达，扫除学生英文思维障碍，使其跟上全球化思维发展趋势。“可理解性输入”还可以用在本土文化的学习上，可以通过视听资源使学生能深入了解本土文化内涵，关注本土文化的发展过程，使学生摆脱死记硬背的痛苦过程，转变成活学活用和爱学爱用。除了在校有意识、有规则地学习本土文化知识之外，自学也不失为一种更佳选择。主要原因是自学可以控制学习进度，可以在课外自

然的条件下，通过阅读本土文化著作或文化典籍英译潜意识地获得文化知识、提高表达能力。自学还可以根据个人不同的目标和兴趣决定掌握知识的进展程度和“可理解性”输入的量，更好地吸收学习的内容。

另外，有效的输入还需要具有一定的“趣味性”，一方面教师可以通过其闻道在先、学业专攻的人格魅力以及教师幽默的风格、渊博的知识以及博大的胸怀对学生感染而成的，不依附任何规章制度，也不受制于教师的强权压制，从而达到学生相对独立自由、有趣学习、教师和学生更加平等的状态。另一方面，教师可以创设情景，为学生营造轻松愉快的英语语言学习环境，如英语口语课上，教师和学生可以选在空旷的户外，大家围圈席地而坐，以做游戏的教学方式引导学生随时用英语问答。在相对轻松有趣的语言环境中，学生就可以充分利用动作、体态、表情、语言，并借助丰富的户外语言情景，在情景化的教学文化氛围中轻松、自如地操练自己的英语，同时还可以更好地感知英语学习和文化学习的积极情感，从而激发英语学习的兴趣和动机。最后，在课后，学生也可以在通过网络等渠道收集一些有关本土文化方面的资料，包括画报、杂志、图片等，通过这些资料的收集和分享，增强了这些知识的趣味性，也使学生能更好地了解和对比本土文化与西方文化不同的风俗习惯、建筑风格、政治文化、审美标准和风土人情等。让英语学习融汇在学生日常生活、学习、娱乐和休息等各种场合中，潜移默化地让学生接受各种文化的熏陶。

3. 教学评价

在生态教学模式中，教学评价往往反映了教学的本质，它是一种协调下建构的“心理常识”，在多元化价值观的指导下，抛弃陈旧的“管理主义”。将评价的重点从结果和考试成绩转移到能力的培养，评价的内容不再拘泥于测验和考试，而是学生主导学习的过程。生态化英语教学评价一定要抛弃过去那种评价的硬性指标，或者检测的片面性指标，而是建立在全面的综合性的评价基础之上。参与生态教学评价的主体除了教师和教育部门外，学生、家长也是重要的因素，评价也不应当以某一个人或某一个机构的意见为主，而是各方因素综合作用的结果。评价内容（Test Information），包括书面作答、人机测试等内容，另外还包括学生在课堂的学习效果，课后是否参与学业思考，以及学生在语言学习的过程经历的各种信息的结合。评价目的（Test Purposes）和评价结果（Test Consequences）建立在教师、学生和教育机构共同作用的基础上。以教师为考察对象：教师既是教学语言的教授者，又是教学行动的实施者，且在教学活动中起到引导的作用。以学生为考察对象：生态语言教学能够帮助学生建立一种信息反馈，在一段时间内，观察学生对于教学行为是否满意。建立学生学习追踪系统，使其及时了解自己的学习进度和学习内容，发掘自身的学习潜力。以教育部门为考察对象：教学评价反映的是一段时间内整个学生智力和能力的发展趋势，从宏观上干预本地区教学政策法规的制定。并且生态语言教学评价是以内容、测量、干预和反馈等方式对学习行为进行调整，因此生态教学评价是一个较为完整的动态体系，在评价——反馈——再评价的循环中不断前进。所以说，生态语言教学评价是建立在协商的基础上，将多维信息融合到一个体系之内，目的是为了促使学生语言学习能力的提高和自身价值的发展。

过去，学生的考试成绩以及过级率成为英语教学水平和教师的专业素质评价的主要标准。这种评价标准严重制约了学生的发展和交际能力的提高，造成许多大学生学习了很多年的英语，却无法做到最基本的英语交流。教师拘泥于课本和考试，大量地讲解应试技巧，很少对学生进行实际能力的培训。学生也将大部分精力集中在浩瀚的英语试卷和解题过程中，造成为了考试、为了过级而学习的现状。这种评价体系导致了许多学生高分低能，使部分考试能力很强的学生处于无法与国外人交流本国文化的尴尬。

而如今，生态化英语教学是以学生为核心建构起来的教育评价，本质就是实现学生的综合长远发展，从评价的形式来看，形成性和终结性的评价建立在对教学资源的重新建构基础上，学生在学习过程中积累的经验能更好地为今后的学习服务。对学习效果进行评价需要不同的评价标准，可以是学习档案的记录，也可以是学习活动的演示，或者是测验和考试。形式并不是评价的最终参考标准，归根到底仍是为教师和学生的长远发展服务的，学习成绩的优异也不是评价个人能力的唯一标准。生态英语教学评价就要打破教师的“一言堂”，构筑平等的互动式评价标准，让与教育直接相关的各方面的人和机构都参与进来，教师、学生、家长及教育部门等不一而足。

因此，生态化的英语教学评价应该注重建立能够促进学生全面发展，教师专业水平提高和改进教学实践的评价体系。生态化英语教学评价不仅要关注学生的英语语言知识、本土文化的交际能力，还要发现和发展学生更多方面的潜能和特长。并且在了解学生语言学习和个性发展需要的基础上，评估学生在多元文化的

学习中如何提升本土文化交际能力和跨文化交际水平。生态化英语教学评价希望发挥评价的教育动能，促进学生在原有的水平上有所提升和发展。生态化英语教学模式中，除了对学生能力的培养和关注外，还致力于对教师素质的长远发展，教师和学生同处于一个教学模式中，教与学的过程本身就是一种文化的互动，是建立在对学生的评价和启蒙基础上的，并且促进教师能力的可持续发展，以学生学习语言的评价来反映教师的教学行为是否正确。经常反省自己的教学行为是否恰当，教学效果是否起到激发学生兴趣的目的，能否带动学生建立学习的成就感，根据学生的学习过程来评价自己的教学水平，不断在授课方式和教学方法上加以完善，促进教学相长的教学目标实现，从而达到教师的可持续发展。

第四节　生态模式中各要素及其关系

教学模式可以定义为是在一定教学思想或教学理论指导下建立起来的较为稳定的教学活动结构框架和活动程序。作为结构框架，突出了教学模式从宏观上把握教学活动整体及各要素之间内部的关系和功能；作为活动程序则突出了教学模式的有序性和可操作性。有时，为完成教学任务，广大教师在教育教学实践中依据教学理论所揭示的教学规律，通过教学系统设计，选择、创造和运用行之有效的教学模式，促进教学改革。针对我国的英语教学现状，英语教学生态模式要保障教师、学生、教学语言以及教学环境等协调发展。

一、教学主体——教师

教师是英语教学生态模式中的重要组成部分，对我国英语教学模式向生态化方向发展起到了重要的作用。首先教师在教学过程中扮演着组织者、引导者的角色，并负责制订教学方案、选择教学内容、组织课堂活动、监控学习效果。在教育生态模式中，教师首先应该是一位兼具英语语言知识与本土文化知识的专家，以自身的学识来提高学生的文化意识，指导学生将语言技能与文化相结合。其次，在教学过程中教师扮演着策划者、引导者等多重角色，丢弃传统意义上的专权控制，能承认并开发学生的主动性，处理好师生关系，引导学生自愿自主学习。因此，想要提高学生的本土文化输出能力，教师要以身作则，从自身做起，提高自身的思想和文化道德水平，改善教学方式，以便更好地为英语教学的生态模式服务。

（一）提高本土文化素养

文化素养是一名教师必须具备的素质，文化素养决定了一名教师的品格及价值取向，而一位教师的文化素养直接影响其教学水平。教师是传道授业解惑者，对学生获取知识有着重要的影响。教师的主要作用是传播知识，作为一名英语教师，首先就必须具备英语学科的知识，并能熟练掌握和运用。英语教师需要具备的不仅仅是本土文化知识，还应该具备多元文化知识和素养，才能更好地将本土文化及目的语文化传授给学生。育人也是教师的重要工作内容之一，英语教师不仅要为学生传授知识，更要通过运用自身所学的多元文化知识为学生树立正确的人生观。教师在授课时，总是会根据教学内容为学生讲述教材的文化背景及产生的原因，然后将自己对文化的认知传递给学生。学生也因此受教师的文化理念的影响，这种影响是潜移默化的，而且随着时间逐步深入学生的思想中，所以作为教师本身要尊重和崇拜本土文化，才能重建学生对本土文化的自信心和自豪感。目前部分英语教师受西方文化的影响，不自觉地对西方文化表现出认可和崇拜，对本民族文化知之甚少，或者只作为目的语文化的参照，忽略了本土文化的精髓，使学生不可避免地丢失掉了对本土文化的信心。由此可见，教师必须从自身做起，提高本土文化素养，推崇中国的传统文化，将同时期西方历史和本国文化事件相结合，使学生对中国传统文化产生敬仰之情，维护民族自尊心，以便更好地传播本土文化。

（二）淡化权威

德国社会学家韦伯（M.Weber）将权威分为三种：一是传统的权威（traditional authority），二是感召权威（charismatic authority），三是法理权威（legal-rational authority）。从我国的国情来看，这三种权威在教师中都普遍存在。教师是名副其实的社会文化知识的继承者和传播者，当传统的尊师重道观念发生作用时，教师的权威身份和地位受到学生的尊崇，成为“传统的权威”。而当教师具备优良的人格品质，并以此感召学生时，便容易达到培养学生良好品质的预期效果，成为“感召的权威”。现今随着社会的发展和教育在社会中地位的提高，对教师的专业要求也不断提高，教师必须接受专业训练、取得教师资格后才能担任教学工作，才能成为“法理的权威”。由于教师处于不可置疑的权威地位，在教学活动过程中教师常常把自己的意图强加给学生，所扮演的角色是“权威”较多，“顾问”较少，“指令”较多而“建议”较少。在现代外语教学中，教师的传统中“传道、

授业、解惑"的作用逐渐淡却了，传统意义上的"知识传播者"已经不是教师主要应该扮演的角色了，教师应成为学生学习的促进者。在新的形势下，教师要从传统教学方法中知识的传播者、灌输者转变为学生自主学习的引导者、促进者和帮助者。教师必须进一步确立终生教育的学习观念和强化"学生角色"意识。因此作为教师应淡化权威意识，不是以"指令"的方式来教育学生，而是以"引导"的方式对学生予以切实的指导，更多地扮演"顾问"和"指导者"的角色。

（三）角色转变

作为课堂教学的策划者，教师必须在授课前对授课内容进行整体的规划，才能为学生呈现一场精彩的课。教师要在课前构思好在课堂上如何进行课程的导入，教授的过程，教学的组织，以及如何对学生们进行正确的引导和安排好课后的总结等。教师对课堂活动的精心策划才能促使课堂教学取得成功。

教师是教学活动的开发者。从 2007 年起在教育部的大力推动下，我国高校启动了以落实《大学英语课程教学要求》，推广多媒体教育模式和改革四、六级考试为标志的新一轮大学英语教学改革工程。这就要求教师要结合本学校学生的学习进度，依据大学英语教学改革的有关规定，开发校本课程。除开发校本课程外，教师还要摒弃以往依赖教材的传统观念，要对教材深入研究，取其精华、去其糟粕，结合教学实际，对教材的内容进行二次加工，因此教师又是教材的开发者。

教师作为教学活动的提供者，既要为学生提供信息，又要接收学生信息的反馈。在日常的教学中，教师要让学生明白教学活动的规律，就要为学生提供必要的信息，学生根据教师提供的信息，展开学习讨论，开展小组活动。在学生积极的参与课堂活动的同时，教师要注意观察学生的参与情况，及时处理同学们反馈的问题，并正确地引导学生，促进学习目标的完成。

教师是教学发展的助推者，在教学活动中主要表现在对学生学习的指导和对教学的辅助。对学生的指导主要是指教师在学生日常的学习中如何让其学会自主学习，能够在学习中和其他同学进行交流而共同进步；此外，教师除了要指导学生学习文化知识，更要让学生认识到自己的不足并树立良好的人生观价值观。教师对教学的辅助主要是指教师以辅导员的身份对学生的学习进行课内外针对性地辅导或兴趣引导，以促进学生个体发展。

教师是教学发展的评估者，主要体现在教学过程中对课堂教学活动的评估及

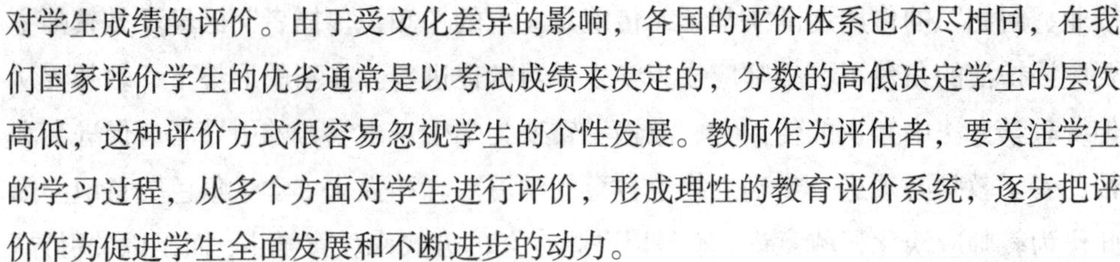

对学生成绩的评价。由于受文化差异的影响，各国的评价体系也不尽相同，在我们国家评价学生的优劣通常是以考试成绩来决定的，分数的高低决定学生的层次高低，这种评价方式很容易忽视学生的个性发展。教师作为评估者，要关注学生的学习过程，从多个方面对学生进行评价，形成理性的教育评价系统，逐步把评价作为促进学生全面发展和不断进步的动力。

（四）教学方式多样化

长期以来，课堂讲授法一直以教师为中心，以单向的传授知识信息和观点为主要教学目的。课堂讲授法通常可以分为导入、讲述和小结。导入阶段主要是呈现或者告诉学生本堂课所要学习的内容及内容的重要性。小结阶段主要是整合学习的知识和经验，并向下一堂课或活动的过渡。尽管课堂讲授法在大学英语课堂非常盛行，但是并非所有的老师都能有效地使用。成功的讲授法在于如何有效地运用交流技巧，而另一个重要因素是教师的人格魅力和语言特色。一个语言教师如果希望运用讲授法成功地组织一堂优秀的课，他必须具有鼓动性，并能够以令人信服的方式进行教学。要有效地进行讲授，老师必须慎重地选择一些能够有效地抓住学生兴趣和注意力、激发学生思维活动的技巧，特别需要一些鼓动性行为和技巧：身体姿势、非语言行为、音调变化等。一个优秀的讲授型教师必须以一种组织化的方式呈现教材，便于学生理解教学内容。

当然，学无定法，教亦无定法。生态化语言教学模式更加需要教师根据自身的优势，结合学生的实际情况和学校自身的教学环境开发和借用多种教学方式。除了本章节提及的课堂讲授法、模拟—角色扮演教学法以及讨论式教学法以外，教师还可以根据教材内容运用探究法、问题教学法、辩论法、复述背诵法等。总之，教学方法是一种认识方法，是教师施教和学生学习知识技能使身心发展而共同活动的方法，从教师创造性地指导学生通过探索发现“新知”的意义上说，教学方法也是一种科学方法；只要能有效地促进学生身心发展，就是有效的教学方法，教师就可以尝试性地引入课堂教学中来，并且教师应该综合运用多种教学法，激起学生学习的兴趣和动机。

（五）和谐共生的师生关系

和谐的师生关系对于生态化教学具有重要的意义，和谐是中国传统文化的基本精神之一，它既是我们传统文化的世界观，又是重要的方法论。“共生”与和谐具有密切的联系，在哲学上，特别是在过程哲学中，共生的理念被看作是对二

元对立思维方式的扬弃，用来消弭人与自我、与他人、与文化及社会之间割裂对立，从而建立一种互动的、整体的关系。教师在课堂教学中扮演多元角色，因此师生关系对学生的健康发展具有其他关系不可替代的重要性。已有研究表明，学生对课堂的满意度在很大程度上取决于教师，因此，构建和谐共生的师生关系具有积极的现实意义，应该成为构建生态化教学模式的重要内容。

首先，对话和倾听是维系和谐的师生关系、追求师生间人际意义的法宝。对话的原则要求教师放弃独占讲台、涛涛不绝讲授的方式，注重师生双方共同进行交流和分享，让学生享受自主学习的权利和自我选择的自由。对话的第一原则是民主平等，这一法则拒绝师生上下级的课堂权利秩序，摒弃满堂灌的教学方式，鼓励教师主动下放和分散课堂权利资源，让学生拥有知情权、选择权、参与权和表达权，把原本教师独立的话语权让渡给全体课堂成员共享，使教师在与学生真诚沟通的过程中对学生进行整体教育。

其次，情感沟通也是师生关系的精髓，和谐的师生关系必然有强烈的情感共鸣。雅斯贝尔斯说：“教育是人的灵魂的教育，而非理智知识和认识的堆积。而人的精神只有在人与人之间相互交往中才能产生和发展。”在我国古代的教育中，最打动人心的莫过于师生的情感，孔子在失去自己的得意门生颜回时痛哭流涕。孔子去世后，他的弟子们在墓边搭棚守墓。在时代迅猛发展的现代社会，作为教师的我们仍需以心换心。课如果教在课堂上，会随着教师声波的消失而销声匿迹；要教在学生身上，教到学生心中，会成为他们素质的一部分。

二、学习的主体——学习者

在课堂教学中，学生作为学习主体是教学活动中不可缺少的一个因素，没有学生就意味着没有教学。从本质上说，学生是从无知无能到有知有能，从低水平到高水平的转变，最终都是由学生自身决定的。学生是学习的主体、个人发展的主体和自我教育的主体。教育、教学的效果最终也是要受到学生学习状态的影响。在教学生态模式中，学生的个体是最基本、最活跃的因素。但是在教育实践中发现，许多教学忽略了学生作为主体地位是需要培养过程的，片面地夸大学生的主体地位，甚至低估教师在培养过程中的引导作用，似乎学生不需要他人的指导和帮助，天生就会发现新事物得到新知识，使学生成为了教学的活动中心，却忽视了学生本身是一个“受教育者”，是一个“未完成的”成长中的人，导致学生的兴趣爱好左右着教学过程。当然，如此过分夸大学生的主体地位，只会使学生如没头苍蝇般“乱飞乱撞”，无法收到学习实效，其成为主体也就成了一句空话。

因此，在教学生态模式中，我们要将学生的主体能动性与教师的引导相结合，找到一种平衡，才能在课堂上调动学生的主体意识和积极性。有学者指出，在教学过程中，学生的主体地位主要表现在：①在教师的引导下，学生依据自身发展的需要，积极地学习和吸收以教材为代表的社会历史传承的科学文化知识成果，实现主体客体化；②学生通过学习实践，将教材中社会历史传承的科学、文化知识成果以及教师的人文素养“内在化”，以充实、完善和发展学生自身，实现客体主体化。因此学生是教和学的终极目的。

英语学习者要始终保持对本土文化意义、作用、地位的深度认同。要对我国优秀本土文化传统产生应有的礼敬和自豪，对自身文化生命力量和文化发展前景有坚定执着的信念，对本土文化的内在价值具有科学地判断。因此学生应该产生自主学习本土文化的意识，可以把传统美德、文学经典、民族工艺、传统体育、古典音乐、区域文化、民风民俗、民族科技等作为学生学习本土文化主要内容，这些内容有利于提高学生的民族意识和文化意识，使他们具有良好的文学修养、高雅的审美情趣和高尚的道德情操。也可以通过参观博物馆、历史文化遗产、名胜古迹等，通过现场试听真切感受中华民族文化艺术的博大精深，使其重新树立对本土文化的自信心，真正从思维上重视本土文化的学习，才能彻底改变本土文化失语的尴尬境地。

三、教学资源——语言

（一）语言知识与语言技能

英语的语言学习中的“语言技能”，包括听、说、读、写。这也是我们传统的英语教学一直强调的重点，后来增加了“译”这一技能，这并没有从本质上改变这一技能的基本内涵，只是建立在前四者基本技能之上的技能延伸。即使把五项技能变成四项技能，仍离不开“译”的参与。而“语言知识”的内涵则是对语音、词汇和句式及文章的知识。概括起来，学习英语的语言技能是“learn the language”，学习语言知识，就是 learn about the language。2011 年版的《义务教育英语课程标准》制定英语学习的课程内容时针对语言形成的各项技能，包括语言技能、知识的运用、情感的参与、策略的使用和文化知识的背景构成。所以说，语言技能在一定程度上是语言知识的基础，没有技能的提高，就无法对知识进行拓展，虽然这种提法与传统的教学手法是背离的，而且很多英语工作者都对此持

反对的态度，在课堂教学中也没有进行贯彻和执行。实际上，语言知识是积累语言技能的基石，掌握知识具备了进行技能积累的前提条件，对技能的运用也可以提高对知识的储备。所以说，语言知识和技能两者是互相依存并互相促进的关系，两者的有机结合能提高英语语言教学的效率。

（二）语言与文化

文化与语言密不可分，语言是文化的一部分，并对文化起着重要作用。有些社会学家认为，语言是文化的基石——没有语言，就没有文化；从另一个方面看，语言又受文化的影响，反映文化。可以说，语言反映一个民族的特征，它不仅包含着该民族的历史和文化背景，而且蕴藏着该民族对人生的看法、生活方式和思维方式。语言与文化互相影响，互相作用；理解语言必须了解文化，理解文化必须了解语言。文化是形形色色的，语言也是多种多样的。学习一种语言就是了解一种文化，外语教学就是传播一种文化。由于文化和语言上的差别，互相了解不是一件容易的事，不同文化间的交流常常遇到困难。文化背景不同，操不同语言的人在交谈时，常常发生下列情况：由于文化上的不同，即使语言准确无误，也会产生误会。对于不同的人们，同一个词或同一种表达方式可以具有不同的意义。由于文化上的差异，谈一个严肃的问题时，由于一句话说得不得体，可以使听者发笑，甚至捧腹大笑；一句毫无恶意的话可以使对方不快或气愤；由于文化上的差异，在国外演讲的人经常发现听众对他讲的某个笑话毫无反应，面无表情，鸦雀无声；然而，在国内，同一个笑话会使听众笑得前仰后合。

英美文化传统与中华文化传统都具有自身鲜明的个性，因此在英语教学过程中要贯穿文化，文化教学中需要渗透语言，不同的语言如同不同的镜子，反映着各民族的文化。以英美文化与本土文化中“帽子”一词为例。比如英国不论男女认为帽子是一样重要的服饰，在什么场合戴什么样的帽子都非常讲究。而一般来说，在街上遇到熟人要行脱帽礼，因此在英语里可以找到很多与帽子有关的固定短语，“hand in hat”（手持帽子），表示“恭恭敬敬”；“take one hat to(someone)”（对某人脱掉帽子），表示敬仰某人。也有些短语是代表不太好的意思，比如“bad hat”（坏帽子），表示坏家伙，“as black as hat”（像帽子一样黑），表示这个人又黑又坏。在中国文化中，帽子的历史也非常悠久，比如成语“衣冠楚楚”“冠冕堂皇”中“冠”和“冕”都是指帽子，比如“皇冠”可以被翻译成“emperor’s court hat decorated with gold dragons”，装饰金龙的高贵能够凸显出皇帝专用。“皇后朝冠”则可翻译成“empress’s court hat decorated with phoenixes”或“court hat worn by empress in winter(summer)”，前者说明帽子上有金凤凰的就是皇后朝冠，而后者直接指明该帽子专归皇后佩戴。

因此人类语言自产生开始就与文化密不可分。想要培养学生的跨文化交际能力，就要先从跨文化上做文章，既然是“跨”，就要先熟悉本土文化，才能去学习其他国家文化与本土文化的差别，才能提高学生的“跨”文化交际能力，以及本土文化的输出能力。因此我们应该采用语言与文化相融合，以本土文化为主的多元分化文化教学。

四、教学场域——环境

语言学习环境指的是本来客观存在的或者专门为语言学习者提供乃至创设的有利于语言学习者语言学习的教学场域。对于学习语言的人来说，学习环境有着极为重要的作用，它能够帮助学习者很快进入学习的状态，找到学习语言的切入点，在语言的环境中很容易集中精神，发挥思维的创造力，挖掘学习的潜力，丰富自己的学习经验，提高学习感知体会。如果有适当的学习环境，能够加速学习者的学习进度，相反的，如果一个单调乏味的语言学习环境，很容易给语言学习者带来精神负担，不愿意继续学习甚至于不愿再开口说话。无数事实证明了这一说法的正确性。曾经有一个孩童在幼时由狼群收养，远离了自己的家乡和语言环境，最后只会发出狼嚎。可见，我们认为语言学习环境对语言的进步有着重要的作用。由此可以说，语言环境萌芽了语言。理查德（Richards）从政策和文化层面把英语语言教学环境分为“教学过程、教学评估、教学大纲和语言政策”。克拉姆则从社会文化理论视角指出“英语语言教学应以学生社会文化差异和学习者个体差异为核心，外语学习要以跨文化交际为最终目的”。我国学者曾葡初从宏观、中观和微观三个层面把英语语言教学环境分为外部环境和内部环境。学生学习英语的心理因素是学习的首要条件，这是内在环境。而学生学习英语受到的外在约束作用就是外部因素。学者陶明天将英语教学的性质、教育政策和教师素质及课时设置、班级、教学设备等外在因素都归结为英语教学环境。构建完善的英语教学生态模式要从三个方面进行：一是社会文化生态环境，二是英语教学生态环境，三是课堂生态环境。

（一）社会文化生态环境与英语教学

当今社会学生的语言学习环境相较于过去有了很大的改善，无论国际的大环境还是社会、家庭的小环境都更加便利，更包括国家营造的政治、经济和文化及教育等环境。社会环境起到一种引导的作用，能够直接左右英语教学的发展方向。20世纪的“文化大革命”就给我国英语语言学习的环境造成极大的破坏作用，英语成为受人唾弃的学科，英语教师遭人冷眼，以至于英语教师都找不到，更别提学生的英语学习。而如今，全球经济逐渐互相融合，中国加入WTO，并积极发展与“一带一路”沿线国家的经济合作伙伴关系，打造政治互信、经济融合、文化包容的利益共同体。各个国家之间的联系更加紧密，无论是国家间的政治经济往来，还是民间的旅游和文化交流活动都有了大幅增长，世界成为一个真正的地球村，由此催生了一大批外语人才。外语人才的培养已经成为众多国家达成的共识，不仅在本国的社会生活中需要使用外语，与外国人交流合作更需要外语的参与。为此，很多人加入了学习外语的群体中，这里的外语主要指世界通用语言的英语。英语语言教学越来越受到国家和社会的重视。我国的相关教育机构同样如此。为了适应社会的发展进步，英语教材也面临着一次又一次的改革，教学设备也有了新的变化，客观学习条件的改善使得学校愿意增加英语教学投入，从而带动英语教学的进步。

（二）课堂生态环境与英语教学

我国英语教学，学校的课堂生态环境是学生接触和操练语言的主要场域。班级内部的小环境与英语教学也有着密切的关系，能够对学生学习效果起到重要的作用。大多数的国内英语课堂都是在班级内部完成的，课堂的教学任务和教学目标都是在教师的引导下进行的。而国内的社区环境尚没有形成完整的辐射机制，作用极其微小。所以说，课堂的教学生态环境能够在很大程度上决定学生学习英语的效果和教学的目标完成情况。素质教育改革对教师提出了更高的要求，不仅要使用任务引导课堂教学进度，更要在课堂教学中强调团队合作的精神，全英语化教学培养学生的听力和理解力。通常情况下，要使用全英语的教学课堂，学生们必须使用同一母语，但是学生英语水平的参差不齐也给教师授课带来了很大的困难。语言专家提倡在外语教学中部分地应用自己的母语，能够帮助学生参透学习任务和学习目的，要想真正提高英语的交流能力还要学会控制母语的使用。尽可能地在教学中运用英语交流，就是给学生更多地进行语言交流的场所，在这样的课堂中，学生一直处于英语语言的包围中，不自觉地产生代入感，也能完成教学任务。在目前社区语言环境没有建成的情况下，英语课堂的这种氛围的营造在很大程度上使学生接触更多的英语口语，从听到说，在轻松愉快的学习氛围中习得更多的英语知识。课堂中，学生在学习过程中体验到互动带来的乐趣，产生了自主学习的动力，能够培养起善于使用英语进行交流的课堂风气，学生能够真正成为教学活动的主导。

在教学中增加英语的使用频率还有另外一个重要的好处，使用英语的沟通将学生和英语及学习环境这三大要素连接成为一个不可分割的整体。学生作为学习的主导，英语是学习的对象，课堂使用英语教学就是沟通的媒介。可以这样说，英语既是媒介也是学习的任务，师生借助于英语这一工具，形成了基础教学的语言氛围，用英语代替了学英语，课堂教学的内容和实质之间有了联系，从而提高了教学的目的性，正好印证了“用语言本身学习语言”，在日常的沟通过程中对原有的语言内容和语言系统进行重新整合，成功掌握了新的语言。

（三）我国英语教学语言生态环境的拓展

因为市场的需要，刺激了英语学习的全民化，各种考试随处可见，材料也是随手可得。众多的学习者不断备考、应试，而真正的英语学习往往在这种高强度的训练过程中消磨殆尽。人们在学习中丝毫感受不到学习的乐趣，浪费了很多时间，但收效甚微。面对这样的结果，多数学习者都失去了信心。据笔者调查，国内相当一部分学生的大学生活一半以上的学习时间花在英语学习上，但依然是英语“聋哑人”，培养了一大批“高分低能”甚至“低分低能”的英语学习者。

如果要摆脱目前我国英语教学“高投入、低产出”的尴尬境地，出路之一应该是构建和谐的生态语言教学环境，即鼓励学习者在“自然与真实”的语言环境中，充分利用现代化外语学习资源和条件，提高语言运用能力，将语言与社会文化融为一体。语言学习离不开环境，语言环境的缺乏，严重影响语言的输入量，并制约着英语学习活动和学习效果。本研究认为我国英语学习者可以通过阅读英语原版书刊、收看英语原版电视节目或影片、浏览网络以及尽量和外籍人士交流等多种方式营建英语学习环境，丰富我国学习者英语知识，提高英语学习者自主学习能力，弥补我国英语语言教学环境的缺陷。

首先，观看英文电视节目或原版影片。如今的社会，欧美国家的电影已经遍布世界各个角落，语言学习者能够很便利地观看英语的原声影视作品，在电影的世界中，完全是模拟了一个真实学习英语的环境。文化借助于语言，不断外向传播。在欧美的原版影视作品中，学习者可以边学习英文发音，边看英文字幕，既

达到练习英语的目的，还能锻炼口语发音。同时，在语言的学习中又能感受到语言和文化之间的互动。在《老友记》以及《绝望主妇》等系列电影中，充满了生活中十分常见的英语词汇和句子，它借助于角色的英语对话，能感受到英语文化的魅力。学习者在观看电影这样一个轻松愉快的环境中，既放松了神经，又达到学习英语知识的目的。再者，长期观看英语影视作品，能大幅增强英语的听力水平。影视作品传达了强烈的视觉刺激，伴随着视觉，听觉也变得相当清晰。在词汇量达到一定程度后，学习基本的英文发音，锻炼基本的听力，通过广播和影视作品、旁听讲座等多种方式的共同作用，能比较直接地锻炼听力。听力的练习也是一个比较复杂的过程，要经常模仿影视作品的发音和声调，对新出现的词汇要注意积累，注意正式场合和非正式场合的用词，关注口语和书面语的区别，注意文化对语言的影响。

其次，阅读英语原版书刊。只有多多阅读，才能积累丰富的词汇量，就是众多的语言输入。学习者借助于阅读积累大量的词汇，开阔学习视野，了解更多的英文常识，也是提高智力水平的需要。比如，阅读《时代》周刊之类的英文报纸，以及《红与黑》《培根散文集》《飘》《世界上最优美的散文》《呼啸山庄》等英文书籍，能够增加学习者的语言输入量，也可以使读者开阔视野，学习目的语国家的文化常识。阅读正宗的英文各类报刊杂志和文辞丰富的英文文章，不仅可以使读者感受到英语语言与中文的不同，更能积累大量的词汇量，增加英语学习的整体知识储备，填补我国社区语言环境缺失带来的难题，构建了新型的学习环境。

最后，利用网络畅游英语世界。互联网技术的发展为英语学习提供了便利的手段和丰富的学习内容。网络带来了现代社会生活的彻底变革，在家中就能了解到世界各地的变化。借助于网络，英语学习者还可以了解到发达资本主义国家在政治经济和文化、科技交流方面的最新资讯，欣赏到欧美的流行音乐，倾听优美的英语演讲。在网络上下载丰富的图片和影视作品，提高学习积极性、求知欲，为英语学习带来便利手段。

今天的中国以更加开放的心态、更加自信的步伐融入世界经济的大潮之中，以贸易大国的英姿屹立于世界经济舞台。中国的教育界也不断受到外来文化的冲击。大量外教的涌入直接冲击着国内英语教育，外国留学生数量也在不断增加，很多大中城市都成了外国人青睐的目标居住地。怎样正确看待外国人进入中国对英语学习的作用？怎样建立和外国人之间的联系？比较值得借鉴的情况是，学会模仿，在与外国人进行沟通的过程中，首先要做的就是观察他们对语言、词汇的使用方法，同样的词汇在不同的语境中使用的声调也是不同的，比如各种俚语或是有着英美特色的小故事，从小处着眼，学习效果也能事半功倍。在条件允许的情况下，可以和外国友人吃饭、看电影等，在日常生活的不经意间往往能学到更多更实用的知识，了解不同国家的文化特色。

五、各要素之间的关系

英语教学生态模式的核心是学习者，因为学习者才主导了这一学习行为。在这一系统中，学习者和教师、语言及语言的环境都产生了一定的联系，这种联系都是围绕着学习者的活动开展进行的。教师的授课对学习者的学习起到最直接的引导作用，而学生的学习反过来影响到教师的授课。学生借助于环境的作用，提高了自己学习英语的效率和学习效果，而环境对学生产生间接的影响，好的环境促进学习，坏的环境不利于学习。学生和语言之间的关系类似于目标和对象的关系，实际上，他们都是教学生态模式中的重要因素。学生积极地学习语言知识，语言知识搭载着文化对学生产生积极的影响。教师借助于语言向学生传授知识和技能，而语言的传授方式和量的大小也需要教师合理控制，才能收到良好的教学效果，两者是互动的关系。在整个英语教学的生态系统中每一个因素都是不可缺少的部分，它们互相之间影响与被影响的关系充分反映了英语语言学习的形成是互动的过程，教师和外在环境这两大因素是学生学习的最主要的外在条件，只有充分利用好，才能提高学习效果。

当然，实际的英语教学生态模式包括的各项因素不仅仅只有这四个，英语教材的选择、多媒体技术的使用和其他诸如可以到国外深造等因素都对英语学习产生了重要的影响。本章的研究旨在构建合理的大学英语教学生态系统，分析四种要素之间的互相关系和对学习的作用，没有对其他因素进行详述，但并不能因此去否认其他因素的作用。在实际的英语教学过程中，关注各类因素的作用，总结先进的教学经验，对于构建科学合理的生态模式有着积极的建设性作用。因此，本模式构建时只能在前人构建的相对合理的“四因素”框架范围内进行，这也是笔者今后需要进一步改进的地方。

基于此，本章提出构建大学英语教学生态模式，提高学生的文化输出能力的基本方案。首先，教师要有文化平等意识和扎实的本土文化基础，要在教学渗透本土文化知识，以此提高学生的民族自尊心和自豪感，使学生明白本土文化与目的语文化之间是相互依赖的关系。其次，要开发现有教材，在对比中学习多元文化。增加中西文化对比的文章，可以在文章中选取词汇、语法、习语等进行文化对比学习，在具体实施过程中，教师要多注意本土文化与西方文化的区别点，通过对比进行文化渗透，比如，从国外的传统节日感恩节（Thanksgiving Day）、圣诞节（Christmas）、万圣节（Halloween Day）再到中国的传统节日端午节（Dragon Boat Festival）、春节（Spring Festival）、中秋节（Mid-Autumn Festival）。继而转向节日中最具代表性的食物，比如感恩节的火鸡（turkey）、春节的饺子（dumpling）、中秋节的月饼（moon cake）；也可以就西方传统服饰与中国传统服饰对比中看中西方文化，比如中国的旗袍（cheongsam）特点是含蓄（connotation）朦胧（hazy），而西方的服饰多表现为自我设计（self-design）、自我表现（self-expression）和自我创造（self-invention）。

这类教学内容最大的特点就是在课堂中自然地融入本土文化与西方文化的对比教学，不需要另外增加课时，既提高了学生的学习兴趣又增强了学生的文化内涵和修养，潜移默化地提高了其本土文化输出能力。既然增加了文化对比学习，就要在学习的过程中增加这方面的练习题，可以在课文讲解中留下课内讨论题及课外思考题，比如在讲到传统节日时可以让学生分组讨论中国传统节日中的庆祝方式及其准确的英文表达，也可以由小组查找资料后以分组竞赛形式用 PPT 现场讲解，分阶段给出不同的竞赛内容和需要达到的知识目标。这样能够增强学生的进取心，在提高文化知识表达的基础上也锻炼了胆识和表现力。

最后优化评估，为教学生态模式服务。学生学习本土文化实际上是对自己的思想、成长、性格、修养、生活方式等多方面有着深远的影响的。因此在关注其语言知识及技能的基础上，注重评价方式的多元性和多样性。不能单靠期末考试的几张卷子来最后定论，应该在笔试和口试中增加相应的文化内容，并延伸到学生平时的学习、讨论、竞赛中去，采用自评、互评、问卷等多种形式，尽可能在最大程度上使评估真正地作用于教学。

事实上，英语教学长久以来的“费时低效”和文化失语，反映出当前我国英语教学的生态危机的现状。从培养具有文化输出能力的英语人才方面来看，将生态价值观引入英语教学中有重大的意义，这样不仅能将教师、学生、生态环境、英语教学等有机结合成一个整体，而且还能发挥每一个生态要素的关键性作用，将本土文化融入各个教学环节中，营造一种和谐可持续的英语教学生态模式，使其促进英语语言教学的稳定发展，培养新一代的具有本土文化输出能力的学习者。为了更好地提高英语教学的质量，必须健全英语教学生态模式，也就是说在英语教学的过程中，摒弃传统守旧的英语教学方法、教学目标、教学内容，转变为追求和谐、平等、自由；追求教师与学生、语言与环境、本土文化与目的语文化的平衡，促进英语教学的可持续发展。基于生态价值观环境下的英语教学，有利于降低应试教育对师生甚至学校的不良冲击，构建完善的英语教学育人体系，从而避免盲目追求英语高分低能的教学悲剧。同时，生态的英语教学观还能调整我国的英语教学生态系统，鼓励发展多样化的教学专业结构，打破英语教学举步维艰的尴尬窘境。

基于“英语教学生态模式”的英语教学立足于我国本土文化语言生态氛围中，对于以汉语作为母语的英语学习者，可开展以英语语言知识为载体，在英语教师的指导下，逐步地理解和接受本土文化与西方文化的差异魅力，改善西方文化独霸课堂的局面，从而形成符合母语使用者的英语语言概念体系，并提高学生用英语表达本土文化的能力，增强其本土文化自信心和自豪感，从而自觉主动地学习本土文化。所以，这种教学模式更加注重“天人合一”、注重学生和谐全面的语言发展，形成互动交往的英语教学语境。事实上，外语教学系统一直与国家或地区经济发展水平、语言文化、教学氛围、师生关系等多方面有密切的联系。从语言教学来看，语言与文化二者有一定的不可控制性，所以，语言教学的开展，应结合地区的文化传统与经济发展水平，才能有针对性地利用这些因素，制定合理的英语语言教学对策。我国要想更加深入地贯彻英语教学生态模式，一方面，要从生态环境入手，增加教师自身的语言素养和本土文化知识、完善教学方法、转变传统的教学角色，从学生的教学需求与接受能力出发。另一方面，扮演主体地位的学生，必须在自我主体归属感的基础上，结合自身的生活环境、学习环境找寻符合自身生态学习的学习系统。一般来说，基于生态语言教学模式的教学环境包含多个方面的环境，主要有社会语言学习环境、课堂教学环境，学生心理环境。本章主要研究的目的在于摒弃传统保守的语言教学陋习，将英语教学、语言环境、社会文化等有机结合，形成合理、和谐、全面的英语教学生态模式。并且，英语教学生态模式还应该结合西方发达国家的外语教学特征，在中学为体的基础上，发挥西学的精华优势，在保证学生学习英语语言知识之外，还能鼓励学生培养生态语言意识，这样就能打造教师、环境、学生与英语多层次全面的教学系统。这样才能提高学生的多元文化意识，拓宽学生的语言视野，增强学生的跨文化交际沟通能力，从而完善学生朝独立、自主等全方面发展，最终不断地促使学生变成一个独立完整的人。

综上所述，大学英语教学生态模式的构建，为和谐生态教学、学生的全面发展以及教师的专业素质提高提供了更好的出路，并致力于解决现阶段的“文化失语”问题，为提高学生的本土文化输出能力做出应有的贡献。

第四章　语言迁移理论与大学生跨文化交际能力

第一节　语言迁移理论与大学生跨文化交际能力培养的关系

本章先后对语言迁移理论及大学生跨文化交际能力的内涵、构成要素进行梳理与阐述，并在这一基础上，探讨了语言迁移理论与大学生跨文化交际能力及能力培养之间的关系，通过它们之间的内在联系，进一步论证语言迁移理论对于大学生跨文化交际能力培养起着理论指导作用，同时语言迁移理论的研究成果也同样适用于大学生跨文化交际能力的培养。

一、语言迁移理论

在第二语言习得及外语教学过程中，语言迁移现象的作用和影响一直是语言学专家、外语教学法等领域研究的焦点。对于语言迁移的解释至今没有统一的定论，比较有影响力的解释来自奥德林（Odlin）的观点，他认为不同语言之间的共性和差异对语言习得会产生一定的影响，而这种影响正是建立在语言习得研究基础之上，他强调语言迁移是一种“跨语言影响”，而这种跨语言影响中的母语影响只是其中之一，母语很可能和其他因素相互交错，一同起作用。跨文化交际中的语言迁移内涵观点认为：跨文化交际的语言迁移不仅仅是传统的迁移研究中所指的来自交际者母语的影响，它还可以指交际者已经具有的任何其他语言知识对于目标语中语言信息的理解、生成以及运用所产生的影响语言迁移的过程。语言迁移一般可产生四种影响结果：①产生抑制作用，称为负迁移；②产生促进作用，称为正迁移；③回避作用；④过度使用等。

受语言迁移的影响，学习者在语言习得过程中可以借助于母语的发音、词义、结构规则或习惯来表达思想，进行语言文化交际。语言迁移作为一种交际策略，不仅构成了学习者交际能力的一部分，而且可以使学习者更有效地进行交际。中国学生在学习外语、跨文化交际的过程中必然会受到母语等诸多因素的迁移影响，本章以语言迁移理论为指导，在对我国大学生跨文化交际能力培养的有效路径深入探讨前，有必要对以往研究中关于语言迁移的研究发展、表现形式及影响因素进行阐述并加以分析。

（一）语言迁移的研究

语言迁移研究始于20世纪四五十年代的美国，受到各个时期的心理学、语言学、心理语言学、社会语言学及教育学等学科的权威理论影响，迁移与行为主义联系在一起，成为对比分析的理论基础，由此经历了20世纪五六十年代前期的兴盛。然而到了70年代，由于受到乔姆斯基语言理论的影响，行为主义的语言学习观受到抨击，语言迁移研究经历了沉寂期，直到80年代初，语言迁移被视为语言学习中一种重要的学习策略而又回到了人们的视野，于80年代中后期才再一次崛起。在这一过程中，语言迁移理论大致体现在四种研究阶段：行为主义理论，对比分析假设理论，中介语理论，错误分析理论。

1. 行为主义理论

行为主义理论是在美国心理学家桑代克（Edward Lee Thorndike）的联结主义基础之上发展起来的。早期代表人物华生（John Broadus Watson）主张有机体用以适应环境刺激的各种躯体反应的组合，属于“刺激—反应”过程，在他的眼里人和动物没什么差异，都遵循同样的规律。随后以托尔曼（Edward Chase Tolman）为代表的新行为主义者，首先对华生提出的极端观点进行了修正，他们认为个体所受刺激与行为反应过程中存在着中间变量，并将这个中间变量视为个体当时的生理和心理状态，即行为的实际决定因子，包括需求变量和认知变量。在新行为主义中还有另一种以斯金纳（Burrhus Frederic Skinner）为代表的激进行为主义分支，主张个体行为是通过不断强化建立起新的习惯，即刺激—反应—强化，将强化训练理解为机体学习过程的主要机制：正强化——正确的执行操作，正强化有利于养成好的习惯，负强化——减少错误的执行，语言学习者应警惕错误的发生，防止错误习惯的养成。

行为主义理论发展至今，涌现出了一批如社会学习理论（观察学习理论）的班杜拉（Bandura，A）、社会行为学习理论的罗推尔（Rotter）及认知社会学习理论的米契尔（Mitchell）等近代理论代表人物，他们坚持客观主义的态度，使用以往被传统行为主义所拒绝和摒弃的心理学概念，探索认知、思维、意象在行为调节中的作用；强调自我调节的作用；强调行为和认知的结合；强调心理过程的主动与积极性。

自20世纪五六十年代，语言学家就意识到语言、文化习得障碍主要来源于母语和目的语之间的差异。而行为主义认为语言环境对学习者习得知识有重要作用，只有学习者受到正确的语言刺激才可能做出正确的语言输出。因此若要克服上述差异，必然要通过强化训练克服母语干扰，建立新的、适应的语言，文化学习习惯及环境，学习者对目的语进行大量的模仿、重复，随后内化在脑中。

即便如此，行为主义过于机械化、简单化，人类的学习行为归结于刺激—反应的操作，强调外部环境的作用从而忽略了学生自身创造力的启发不能解决语言中所存在的问题。

2. 对比分析假设理论

20世纪五六十年代，基于行为主义心理学和结构主义语言学，美国语言学家罗伯特拉多博士（Dr. Robert Lado）就一、二语习得提出了“对比分析假说”的研究方法，他认为：在二语习得中，学习者经常将母语的语言形式、意义以及与母语相关的文化迁移到第二语言习得中去。母语的干扰是第二语言习得过程中的主要障碍，并会引起语言错误。母语与目标语有相同或相似的地方引起语言正向迁移，不同之处引发负向迁移。因此他主张对第一语言和目的语在语音、语法等方面进行对比分析，确定两者的相同点和不同点，从而预测学生有可能出现的错误。对比分析假说的主要观点是“差异”难度，即母语和目标语之间的差异越大，习得难度越大。而其核心思想是通过比较分析不同语言的差异，预测学习者在第二语言或外语学习中的难点及输出和输入中的错误，从而使学习者避免错误或尽可能少犯错误。尽管对比分析假说中的迁移概念，在很多从音系、词汇等层面的研究中得到了实证，但知名学者如杜雷（Dulay）、伯特（Burt）、汉姆莱（Hammerly）等人根据自己的研究结果对“对比分析假说”提出了不同的看法，认为对比分析假说存在一定的缺陷。总而言之，母语只是影响二语习得众多因素中的一个，并非唯一因素；母语与目的语之间的差异并不一定会导致学习困难；对比分析假说所支持的迁移概念也不能完全预测发生在二语学习者身上的困难。

3. 中介语理论

在精通目的语之前，语言习得者会用一种过渡性质的语言，该语言是动态、不断变化发展的，并逐渐向目的语靠近自成体系，而这种过渡性语言则称为中介语。中介语理论是语言习得者在学习过程中逐步构建起来，并被使用的一种介于母语和目的语之间的一种语言体系。于 20 世纪 60 年代末 70 年代初，基于普遍语法的二语习得理论，产生了三个有代表性的假设：完全迁移 / 完全可及假设（the Full Transfer/Full Access Hypothesis）、最简树假设（the Minimal Trees Hypothesis）、特征值缺省假设（the Valueless Features Hypothesis）。

完全迁移 / 完全可及假设认为，母语的全部特征可以迁移到中介语的初始语法中，母语语法构成了中介语的初始状态，也就是说学习者可借助其母语表征来解释所接触到的第二语言输入，然而由于中介语具有动态可变性，初始语法自然也处在发展变化之中，因此母语表征不会永久性地滞留在学习者的中介语中。即：当母语语法无法适应第二语言输入时，学习者就会借助于普遍语法的作用，一些新的参数场、功能范畴和特征值就会进入中介语语法，从而出现中介语表征的重组。假设指出，尽管中介语表征与目的语语法之间存在着一定的差异，中介语表征仍然受到普遍语法的制约，因此具有普遍语法的完全可及性。

最简树假设。该假设认为：只有部分母语语法被迁移到中介语的初始状态，中介语初始状态中仅存在词汇范畴（如名词、动词等），缺少功能范畴。一般认为词汇范畴来自母语语法，所以中介语会表现出与母语类似的特征，但功能范畴并不存在迁移现象。从某种意义上说，“最简树假设”是一种有缺陷的中介语语法，中介语表征存在一个缺乏功能范畴的时期，这些功能范畴通常被认为是自然语言语法的必要特征。

特征值缺省假设。该假设认为中介语初始表征中存在母语的弱势迁移，母语语法构成了中介语初始状态的主要内容。根据这一假设，母语的词汇范畴和功能范畴都会出现在中介语的初始状态，不过功能范畴尽管存在，其特征值（feature values）却不会发生迁移，仍处于缺省或惰性状态。根据尤班克（Eubank）的观点，特征值的缺省只是一种暂时现象，随着中介语的发展，中介语最终将与第二语言出现趋同。

这三种假设探讨了中介语在母语迁移现象中的发展过程，揭示了某些规律和特点，但由于受限于普遍语法的框架结构，所得出的结论并不全面。尽管如此，在语言迁移理论研究中，中介语理论依旧占据着重要的位置。如汉语属于汉藏语系，英语属于印欧语系，不同语系之间的语言文化差异较大。对于母语是汉语的中国学生来说，英语学习中存在大量复杂的语法规则、文化背景，这些必然与汉语文化大相径庭，学习者在学习时自觉或者不自觉地利用母语规则帮助习得目的语文化信息，在此过程中中介语会相伴着这种变化发展而产生。随着第二语言习得者对英语知识文化的逐渐深入、认识不断提高，学习者会逐渐克服不同语系的差异和母语的干扰，形成一套属于自己的中介语知识体系，并慢慢接近目的语。教师在外语教学中，若能够正确客观地认识及使用中介语理论，了解二语习得的发展过程和规律，则有助于更有效地组织语言课堂、调节教学策略、激发学习者学习语言的兴趣、使学习者逐渐形成一套属于自己的中介语知识体系，从而克服跨语系的困难。

4. 错误分析理论

随着二语习得研究的不断发展，对比分析的局限性越发凸显。第二语言学习者所犯的许多错误，除了母语迁移的影响外，还存在其他因素的影响。在 20 世纪 60 年代末，英国语言学家彼得·科德（Pit Corder）提出了错误分析理论，他认为不能仅仅把错误看成是要消灭的东西，因为错误本身也具有重要意义。通过对学习者在学习过程中所犯错误而带来的信息加以分析，教师可以更好地了解学习者对目的语掌握程度，了解学习者如何学习语言，进而提升自己的教学策略。现代意义上的错误分析是指对第二语言学习者的错误进行系统的研究和分析。该理论属于应用语言学的一个分支，被视为相对有限性的对比分析的替换方法，既有其语言学的理论基础，也有其心理学的理论基础。

一般地，学习者在语言学习过程中经常出现的错误被归纳为语际错误（interlingual errors）和语内错误（intralingual errors）两种类别。语际错误也称迁移错误，是指学习者由于误用与母语具有共同特征的语言项目而产生的错误。而语内错误则泛指在目的语内部所犯的错误，也称发展性错误。不过在错误分析的文献中经常要区分失误（mistake）和错误（error）这两个概念。失误是由于学习者没有发挥出自己的能力而出现差错；而错误则通常是由于学习者知识不足所致，一般可划分为五种类型：添加、省略、双重标记、顺序错误和形式错误。

对语言教学而言，教师可从学习者的书面及口头语的输出中识别和收集错误，并对他们进行描述及解释，以便在教学过程中更好地消除这些错误，正确引

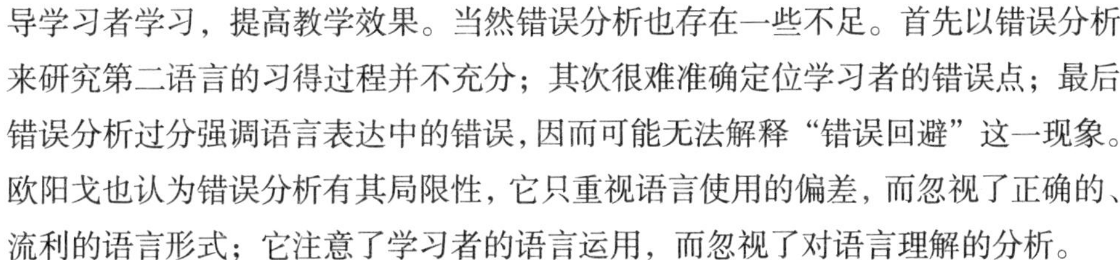

导学习者学习，提高教学效果。当然错误分析也存在一些不足。首先以错误分析来研究第二语言的习得过程并不充分；其次很难准确定位学习者的错误点；最后错误分析过分强调语言表达中的错误，因而可能无法解释“错误回避”这一现象。欧阳戈也认为错误分析有其局限性，它只重视语言使用的偏差，而忽视了正确的、流利的语言形式；它注意了学习者的语言运用，而忽视了对语言理解的分析。

（二）语言迁移理论的表现形式

传统的语言迁移研究主要强调学习过程中产生了错误，而这种错误的产生仅是母语对目标语负向迁移的结果，故而将语言迁移的表现形式归结为正向迁移和负向迁移。语言迁移研究不断深入发展至今，语言迁移可以理解为既是一个结果也是一个过程。事实上，语言迁移的表现除了包含正、负向迁移这一主要迁移形式外，还包含了语间、语内迁移及交际、学习迁移等形式。

1. 正迁移和负迁移

正迁移又指正向迁移，是指在二语习得中若母语和目的语有相似或相近的成分时，则有利于学习者语言习得的迁移，同时也能加速中介语的发展序列和构成。这种相似或相近的成分涵盖诸多方面，如母语与目的语之间的词汇、书写系统、元音系统及句法结构方面的相似，可分别对学习者的外语阅读能力、目的语阅读与写作水平及语法习得具有提高和促进作用。简单来说，当学习者学习外语时，母语和目的语之间有相似或相近成分时发生正向迁移，学习者更容易掌握目的语的语言含义。例如：汉语为母语的学生更容易掌握以下英语句子：I am a student. He comes from China. 相同意思的句子，汉语语序和英语语序相同，更容易令人掌握。当两种语言中有大量的同源词时，这时学习者的词汇习得速度加快则更明显。

负迁移也称母语干扰，是指在二语习得过程中母语不仅不会促进学习者的语言习得，反而在目的语习得过程中起一定的阻碍作用，并且阻碍或缓解中介语的某些发展序列，这种负迁移是通过两种语言的学习任务既有联系又有区别的条件下所产生的。母语负迁移现象可归纳为四个表现：①语音负迁移；②词汇负迁移；③语法、句法负迁移；④文化负迁移。例如，学习者因对目的语语言某种结构把握不足，在使用时往往会避开这些结构，表现出语言趋异现象，从而过多使用已熟知的简单结构，如中国学生为避开从句关系，使用过多简单句，这就违反了英语文体规则。此外母语与目的语之间的错误替代、借用及两种语言的文化背景、习惯表达方式和词序的误解都会对学习者造成负迁移。

总而言之，正向迁移有利于学习，而负向迁移则阻碍外语学习。正向迁移可渗透高校外语教学中，帮助学生建构积极的记忆影响，积极发挥母语和英语语言的效能，将英语语言与中华文化有机地融合起来。而负迁移的作用也是不容忽视的，它对英语的教与学有着重大意义：一方面帮助学生正确认识错误、排除交际压力、端正学习态度；另一方面为教师提供大量的、丰富的可理解性输入材料，提高教学效果。

2. 语间迁移和语内迁移

根据迁移内容的来源，可将语言迁移分为语间迁移和语内迁移。

语间迁移指由于两种不同语言（母语和目的语）的差异性，引起语言之间内容的迁移现象。当学习者在初级阶段接触目的语时，由于学习者不熟悉目的语的语法规则，只能依靠母语语法惯性。这种从母语到目的语的语言迁移有时会促进目的语的习得，或者加快中介语的序列，称为语间正向迁移。例如，豆腐可译为“tofu”，学习者可以根据汉语“豆腐”发音巧记 tofu 这个英文单词。有时受母语的干扰，也会阻碍学习者习得目的语，这种可称为语间负向迁移。语间迁移不仅是母语对目的语的单向迁移，而是目的语也可以反作用于母语，对母语产生影响。语言沟通水平大幅增加，也增强了考试的自信心。

当学习者逐渐加深对目的语的了解后，在同一种语言内出现的迁移现象越来越明显，这种现象称为语内迁移，即学习者在二语习得过程中出现的错误不仅受母语干扰的影响，错误出现的原因还受目的语本身影响。张晓兰指出语内迁移的表现形式为过度概括和应用规则不全两个方面。当学习者对目的语有一定的了解后，先学的知识对以后所学的知识会产生干扰，这时学习者错误地将自己学过的规则扩大化，根据以往所学到的知识结构创造出该语言中不存在的结构变体，或盲目地使用某些语法规则，导致错误发生。

事实上，无论是语间迁移还是语内迁移，都属于一个心理认知过程，即先前的知识对后面知识的促进和干扰。这就要求在外语教学过程中，老师对待学生的语言学习不可操之过急、莽撞行事，要善于学会创造适合外语学习者的学习氛围，通过循序渐进的方式帮助他们积极构建自己的语言新知识，从而将语言学习变被动为主动。

3. 交际迁移和学习迁移

英国语言学家科德（Corder）从交际的角度解释语言迁移现象。他把语言迁移看成是一种交际策略，即“借用”，他强调“借用”只是一种语言行为，而不是一个学习过程或语言结构特点。科德的观点存在一定局限性，因为他完全从交际的角度解释迁移，否认外语学习者的母语知识可以直接迁移到中介语里。

随着语言迁移的进一步发展研究，到了20世纪80年代初，Shcachter指出在交际时，第二语言的输出和输入需求助迁移。例如，输出中的迁移是要激活第一语言知识以达到交际目的，而输入中的迁移是在理解话语时依赖第一语言形式，对话语进行“语际推断”（interlingual inferencing）。1987年费尔察（Faerch）和卡斯佩（Kasper）将语言迁移视为一种语言心理过程，在此过程中当外语学习者激发自己的母语与使用中介语去理解外语时，会出现两种情况：一种作为交际中的迁移，是指在跨文化交际过程中，通过母语去理解目的语的含义，或者帮助学习者暂时达到交际的目的。由于这些被激发起来的母语规则不一定会被学习者保留在自己的中介语里面，使学习者依旧难以掌握目标语的规则。而另一种是学习中的迁移，是指在学习过程中，学习者利用已经习得目的语知识构建一种中介系统，该系统包含目的语的语法规则。总体看来，交际迁移是学习者的语言应用——语言输出，而学习迁移是学习者对知识系统的构建。但是语言输出也可以看作是语言系统构建的反映，二者相互促进，相互作用，共同促进语言习得。

（三）影响语言迁移的因素

20世纪80年代时期的语言迁移理论主要以认知理论为主导，随着人们对认知理论的进一步研究，人们开始意识到语言迁移理论是认知手段的一种表现形式，而这些表现形式又受多种主客观因素影响。现在关于语言迁移研究改变以往对母语的过分夸大和过分轻视的两种极端态度，主要从语言学、社会学、生理学和心理学科等角度去探究语言迁移的发生机制及影响迁移的因素，归纳起来主要包括语言因素和非语言因素。

1. 语言因素

在语言迁移研究中，母语与目的语中的词汇、语音、句法及语用方面的表征差异程度对语言迁移的影响是显著的。这种影响可以是直接的也可以是间接的，不论是哪一种影响方式，其各种因素对语言迁移的影响程度却很难量化。语音方面的迁移，其中表现最为明显的是在交际过程中，第二语言学习者的“外国腔”，这是由于两种语言存在着不同的发音特征，学习者在发出目标语言时，往往会带有本族语的语音，从而导致了本族语对目标语在语音方面的迁移。对于词汇，当母语与目的语出现大量的同源词时，可一定程度上促进第二语言词汇的习得。然而不可否认，学习者若是过度使用母语中符合而目的语不可接受的语法去搭配词汇，就会出现阻碍作用。母语迁移在句法上的体现也是比较明显的，如在跨文化交际过程中，想用英语表达汉语“我非常喜欢这本书”，按汉语的句法结构来表示则是：I very much like the book. 这就是典型的“中文式英语”。实际上正确的英语表达方式是：I like the book very much。此外语言迁移不仅会体现在微观的纯语言层面，也会发生在语用和语篇的衔接手段上。例如：在文化交际中，中国人一般用“请”表示对某人的礼貌，如“请你给我一杯咖啡”；在母语是英语的学生则使用“would you please...”来表达礼貌，如 Would you please give me a coffee.，这种不同用语过程会因为语言之间的差异，在一定程度上影响语言迁移。可见，在不同母语及文化背景下的交际过程中，语言层面的迁移如语音、语法、语篇等因素在一定程度上会对语言的习得、文化的交流产生影响。

2. 非语言因素

影响语言迁移除了语言因素外，非语言因素也是不可忽视的。非语言因素包括语言意识、社会语言、标记性、语言距离与心理类型等因素。

（1）语言意识因素

在母语迁移中，由于不同个体之间的语言意识不同，其语言各层面的迁移强弱也会表现出显著的差异。例如，传统的英语教学更强调语法规则，忽视了听力和口语等方面，使得学习者在进行交际过程中更加注重语法的正误，这就导致了在语法方面母语迁移的作用受到了抑制。

（2）社会语言因素

学习者在二语学习过程中，语言迁移不可避免地受环境和社交场合，以及学习者在交谈中发话人与受话人间的关系等影响，这种影响统称为社会语言因素。根据社交场合而言，拉佩奇（LePage）和凯勒（Tabouret-Keller）于 1985 年最先提出了“焦点场合”与“非焦点场合”。焦点场合即在正式场合下，交际者扮演重要角色。这时交际者会更注重目标语的正确性，使用母语会显得格格不入。而非焦点场合则是在非正式场合，交际者不太注重目的语的规范性，比较随心所欲或借助母语完成交际活动。相比“焦点场合”，母语负迁移会更容易发生在“非焦点场合”。例如：学生在英语课堂中，更注意英语的正确性及规范性，尽量避免错误出现，即使错误产生，学生也会尽快纠正。母语负迁移的产生较小，错误

发生的频率低。

（3）标记性因素

语言迁移的中后期研究发现，在第二语言习得的过程中，语言的标记性也会对语言迁移产生巨大的影响。一般地，语言特征包括两个对立体，有标记的和无标记的，有标记形式要比无标记形式更难习得，标记程度和习得难度成正比。如dog是无标记项，泛指一般意义上的狗，而bitch是有标记项，只能指母狗。即无标记项（如dog）更容易对语言迁移产生影响，而当母语出现了有标记项（如bitch）时，语言迁移现象就不容易发生。

（4）语言距离与心理类型

在二语习得过程中，学习者个人对母语和目的语之间的差异程度的感知也会对语言迁移造成很大的影响，而这种差异程度称为语言距离。不同语言间的差异性也可以反映出学习者语言距离的心理感受，甚至知名学者凯勒曼（Kellerman）认为这种学习者的心理类型才是迁移的真正决定因素。在外语教学中，受语言距离和心理类型的影响，学习者的语言迁移也会在一定程度上受限。例如：汉语和英语分属于不同语系，二者之间语言距离较大。当母语为汉语的学生学习英语时，常会发现汉语和英语之间在语法结构上存在较大差异，而且这种语法结构是不规则变化的、不常用的，学习者则会构建心理类型来决定是否迁移。

二、跨文化交际能力

近年来，随着国际交往的日益频繁，跨文化交际迎来了研究的热潮。跨文化交际是围绕语言符号与非语言符号的“语用”这个核心展开，主要科学研究内容涵盖了语言、社会语言学、文化语言学及言语交际学三个方向。外语教学的本质是涉外的交往，或是为涉外交往打基础的过程。而涉外的方式可能有多种层次，有直接或间接的，但是外语教学本身实质上是一个跨文化交际的问题。因此，就如何培养大学生具有跨文化交际能力之前，有必要先对语言、文化、交际的含义和跨文化交际能力的内涵、要素及其模式进行回顾。

（一）语言、文化、交际的界定

1. 语言

自从人类社会的出现，语言就相伴产生，并且语言随着人类社会的发展变化而变化。语言是人与人之间交际的工具、是人们交流之间的语音符号系统、是一种媒介工具，可使人与文化自然融为一体。关于语言特征定义：①符号系统；②传播文化的载体；③沟通、交际的手段与工具。人们通过使用语言更加形象地表达内心活动、表达情感、表达文化风俗、让交际变得更加简单透彻。语言代表着不同的文化，是文化的直接或者间接反映。例如，“白色”（white）代表纯洁、洁净、清白、纯真。在西方，举行婚礼多用白色主题、穿白色婚纱等，它象征着纯洁美好。但是在中国，“白”还有指丧事的一面，代表着不吉利。语言表达往往会在跨文化层面中、语言迁移中起着重要作用。通过语言迁移，使得文化更好地诠释，让交际也变得简单。可见语言是文化、交际的载体，能帮助人类更好地解码文化，语言与交际、文化关系十分紧密。

2. 文化

文化不是独立、单一而存在，它是不断动态变化发展的。它是时代的反映、历史的传承，文化是通过社会的发展和人们不断地努力、习得而产生的。人们通过习得不同文化的差异、了解跨文化、注重文化迁移，能够更好地促进人与人之间的交流。例如，中国与西方国家文化差异较大，数字 13 在西方寓意不吉利、坏运气、邪恶，西方国家的人们一般很刻意避免 13。而在中国 13 并没有不吉利的意思，通常中国人更介意 4 这个数字，它意味着死、不好的事情。这就要求在习得西方文化时，还要时刻注意文化迁移的差异性。

3. 交际

交际是一种交互式的、多变的动态系统，往往会在社会交往过程中发生。交际的发生必然涉及信息接收、编码、信息传递、信息反馈等。由此可见，交际多发生在语言及文化层面。当人们接受信息时，对信息进行编码、认知构建，通过使用语言将接受的信息传递给对方。这种交际的行为就是个体对语言知识的运用进而达到交际的目的。但是在交际时要注意文化、社会等因素的影响，这样才能更好达到交际的目的。拜勒姆（Byram）基于语言教学与文化教学视角，将交际概括为语法能力、社会语言能力和策略能力。

4. 语言、文化、交际的关系

语言、文化、交际三者之间既相互联系又相互促进。语言可以真实反映、再现历史文化，文化通过语言得以传承、发展。语言也是文化学习的工具，通过访谈、口述、书写记录了文化，并获得文化、了解文化。而文化中包含了语言，语言是文化的子部分。在外语学习过程中母语和目的语不可能孤立存在，它们之间必然涉及语言、语法、语篇方面的迁移，以及社会文化层面的迁移。通常人们传递信息时，往往会用语言表达来达到交际的目的，因此交际的成功与否很大程度取决于语言的使用是否得当。如果交际者均来自不同地域的环境背景下进行交流，必然会发生不同文化之间的碰撞。能否在这种跨文化交际中取得成功，就得先确定交际者在交际过程中能否表现出较强的交际能力，而这种能力则称为跨文化交际能力。在外语教学中，教师使用目的语语言对学习者输入外国文化内容及背景，通过语言、文化层面的迁移，可更好地引导学习者习得目的语，进而促进跨文化交际能力的提高。

（二）跨文化交际能力的内涵

一般认为，美国人类学家霍尔（Hall）在 1959 年出版的《无声的语言》标志着跨文化交际学的开端。跨文化交际既指本族语者与非本族语者之间的交际，也指任何在语言和文化背景方面有差异的人们之间的交际。到目前为止，跨文化交际能力无统一概念。斯皮尔伯格（Brain H.Spielberg）将跨文化交际能力定义为：遵循语言对环境和关系的适应性规则，并且能使交际目的得以实现的能力。对于这一定义，潘晓慧持不同看法，她认为斯皮尔伯格的观点体现适应性原则，但不一定有效地实现交际目标，指出跨文化交际能力至少应包括与交际的适应性和有效性因素，跨文化交际能力除了强调交际的得体性和有效性以外，更强调交际者与所处文化的关系。

基于以上要素斯宾塞（Spencer Oatey）和富兰克林（Franklin）将跨文化交际能力定义为：不同文化背景的交际者实施有效得体的言语或非言语交际行为及处理交际行为所产生的心理问题和交际后果的能力。而张卫东等人从中国外语教育视角出发又提出了不同的概念，他们认为跨文化交际能力是恰当运用语言文化知识与异文化成员进行有效而得体的交际实践能力，是跨文化交际活动中的决定性因素。跨文化交际观念和行为活动是有紧密联系的，在大学层面从“知”和“行”的视角将大学生跨文化交际能定义为：大学生在一定文化价值观支配下与不同语言文化背景人员交往实践中表现出来的能力和水平。

（三）跨文化交际能力的要素及模式

1. 跨文化交际能力的要素

跨文化交际能力涉及广泛而复杂，研究视角的不同就会对它有不同的解读。

关于跨文化交际能力的构成要素，中外专家、学者的观点纷呈。早在1984年，施皮茨贝格（Spitzberg）与库帕克（Cupach）提出的动机、知识和技能的跨文化交际能力三要素理论，在当时产生了较大的影响。到了90年代中后期，国外知名学者拜勒姆（Byram）将语言能力、社会语言能力及语篇能力与知识、技能、态度和性情、行为取向构成等因素结合起来，构建了跨文化交际能力模式。国内学者陈国明进一步地将认知、情感及行为层面分别具体为跨文化理解、文化敏觉力及跨文化效力，为我国跨文化交际能力的进一步研究提供了明晰的思路。为了让跨文化交际能力框架更加具体化，更容易在我国外语教学工作中操作，随着研究的推进，我国跨文化交际的元素也呈现多样化，即：全球意识、文化调适、知识、交际实践四要素，形成语言、态度、知识、技能的基本框架。尽管如此，跨文化交际互动体系本质是以“对话论”为理论依据，以上这些林林总总的要素中应该体现语言、文化、交际三者的有机联系。

2. 跨文化交际能力的模式

跨文化交际能力的研究始于19世纪60年代初，即intercultural communication competence，简称为ICC。自海姆斯（Hymes）提出交际能力（IC）概念以来，国外学者对跨文化交际能力开展了大量研究，取得了一系列成果。然而由于跨文化交际能力的复杂性与抽象性，为便于运用到外语教学中，需要将其构成要素通过构建模型有机结合起来，使其更直观化、具体化。1997年拜勒姆基于语言教学与文化教学视角，将跨文化能力与跨文化交际能力概念区分开来，在外语教学的框架下构建了跨文化交际能力的模式，他认为知识、态度和技能构成的是跨文化能力，要形成跨文化交际能力，还需要具备一定语言能力、社会语言能力和篇章能力。然而斯特丁（Lustig）和科斯特（Koester）则认为跨文化交际能力与跨文化能力都是由语境、得体性与有效性以及知识、动机、行为三大维度组成，实质上是同一概念。迪尔多夫（Deardorff）也认为跨文化能力与跨文化交际能力是等同的，基于这一观念下，他通过实证研究提出了四个层面的金字塔式跨文化能力模式：塔底是必备的态度，如尊重、开明、好奇与发现；第二层面是知识与理解、技能，这两者之间又存在互动关系；其余两层则是具备适应性、灵活性、民族文化相对观和移情能力。此外跨文化交际能力的模式，还有从低到高的发展过程的发展型模式和注重因果关系的因果型模式。

自20世纪80年代至今，我国外语教学界关于跨文化交际及跨文化交际能力的研究已取得了丰富的成果。尽管这些研究成果还存在着诸多差异，但在某些方面还是达成了共识。外语教学中交际能力除了体现于使用语言的语法正确性外，还需体现于语言行为的得体性。学者高永晨立足于我国国情，在前人研究的基础上，吸纳中外思想家知和行的理论成果，构建了跨文化交际能力的知行合一模式。知行合一模式是由语言知识系统和行为系统构成。语言知识系统包含知识、意识和思辨能力三个一级指标；而行为系统则由态度、技能和策略能力构成，这两个系统始终紧密相连、相互渗透，在知与行交融和互馈式的作用下，大学生的跨文化交际能力得以不断提高。顾晓乐在综合考虑外语教学理论、跨文化交际理论及我国外语学习环境的基础上先是构建了跨文化交际能力互动理论模型，该理论模型涵盖跨文化交际能力宏观维度和微观要素，也强调跨文化交际过程中语言层面的关系网。可见无论是跨文化交际的内涵还是跨文化交际的要素、模式，中外学者对跨文化交际能力的探究多是从语言、文化、交际和意识等方面出发。此外我国学者还从语言层面进一步研究探究了语言层面和跨文化交际的迁移关系，并以此运用到了外语教学中，以此促进我国大学生跨文化交际能力的提高。

语言表达是交际过程中最为重要环节之一，而在语言表达过程中，交际者往往又会受文化、意识、技能及态度等因素影响。因此对语言层面而言，语言迁移与跨文化交际能力有着莫大的联系。然而如何就大学生跨文化交际能力的培养提供有效策略之前，有必要进一步探究语言迁移理论与大学生跨文化交际能力的关系。

三、语言迁移理论与大学生跨文化交际能力的关系

大学生跨文化交际能力与语言迁移理论具有密切的关系，这种关系尤其体现在大学外语教学中。在外语学习中，迁移理所当然体现在浅层层面上的语言形式，同时也表现在语言行为所涵盖的文化因素的深层层面上。其具体关系如下：

第一，研究内容都具有交际、跨文化方面的共性。语言迁移理论强调的是母语和目的语之间的迁移，其研究内容涵盖语音、语篇、语法规则、句法结构、文化历史、日常交际等方面。而跨文化交际既指本族语者与非本族语者之间的交际，也指任何在语言和文化背景方面有差异的人们之间的交际，具体由语言、知识、技能、意识、文化、交际等维度组成。显然无论是本族语与非本族语，还是语言和文化背景的差异，只要发生交际就会连带其他很多层面的交织。从语言层面来解释交际时，交际者的词汇、语音、句法及语用方面的差异程度对交际迁移的影

响是显著的。此外，社会语言、标记性、语言距离与心理等非语言因素也会对交际结果的好坏产生影响。总之，语言迁移理论和跨文化交际的研究内容都涉及交际、跨文化等方面的共性，研究实质涉及了不同语言、文化或学科之间的范畴。不管是语言迁移还是跨文化交际能力，都体现在语言层面的共性。

第二，过程与结果的动态关系。语言迁移是指在语言学习过程中，学习者因受母语或固有的文化环境等因素影响，其本质是发生在过程中的一种动态变化现象，这种现象可以是有利的（正迁移）也可以是阻碍的（负迁移）。而跨文化交际能力更多被视为学习者通过学习后获得的一种交际能力的结果。换而言之，在培养大学生跨文化交际能力过程中，教师培养策略得当，易发生正向迁移，可促进学习者的交际能力水平提高；反之，则会发生负向迁移，引起阻碍作用。事实上，在跨文化交际能力培养过程中，受许多因素的影响，导致迁移发生是复杂多变的，如果把这种复杂多变的迁移视为一种过程，那么所培养对象获得跨文化交际能力水平高低，就是其表现最直接的结果。当然学习者通过学习所获得的跨文化交际能力强弱，也可反过来影响语言迁移。因此，语言迁移与跨文化交际能力及能力培养是一种过程与结果的动态关系。

第三，指导与被指导的关系。国内外关于语言迁移理论的许多研究成果在外语教学过程中起到了积极的启示作用。例如，语言迁移理论的中介语理论有助于了解二语习得的发展过程和规律，帮助教师更有效地组织语言课堂、调节教学策略、激发学习者学习语言的兴趣，使学习者逐渐形成一套属于自己的中介语知识体系，更好地实现从汉语到英语的过渡，克服跨语系的困难。而大学生跨文化交际能力的培养，如跨文化知识、交际能力、跨文化意识、跨文化思维方式等主要还是通过外语教学来完成。在大学生跨文化交际能力培养过程中，通过不同语言的对比分析与中介语的偏误分析结合起来，分析学生学习时所犯的错误，总结规律，提高培养效果。由此可见，这些关于语言迁移理论的研究成果除了能启示外语教学外，同样适用于指导大学生跨文化交际能力培养。

第四，具有相互依存、相互促进的关系。迁移指已获得的知识、技能和态度等对学习新知识、新技能和解决新问题所产生的影响，而技能、知识及态度这三个维度又恰恰是跨文化交际能力的重要组成部分，体现着语言、文化、交际三者的有机联系。语言迁移理论可帮助学习者对知识系统的构建，而在跨文化交际发生的交际迁移是学习者的语言应用——语言输出。但是语言输出也可以看作是语

言系统构建的反映，二者相互促进，相互作用，共同促进语言习得。

基于以上四点关系不难看出：语言迁移理论对于大学生跨文化交际能力培养起着理论指导作用；语言迁移理论的研究成果也同样适用于大学生跨文化交际能力的培养。

第二节　大学生跨文化交际能力的培养

基于语言迁移理论与跨文化交际能力及能力培养之间的关系，本章首先进一步阐述了语言迁移理论对培养我国大学生跨文化交际能力的教学启示，同时结合我国大学生跨文化交际能力及能力培养现状问题，最后提出了跨文化交际能力培养策略。

一、语言迁移理论对培养大学生跨文化交际能力的启示

无论是文献分析，还是从实际的问卷调查，都反映了当前我国大学生跨文化交际能力偏低，主要归因于四点：①跨文化交际知识水平有限，易受母语束缚；②缺乏与外国人交流的主动性；③跨文化交际意识薄弱；④跨文化交际策略及技能一般或较差。那么如何在大学英语教学中解决以上这四个共性问题？通过前文对课堂环境中的语言迁移特征与大学生跨文化交际能力之间的关系分析得出，语言迁移理论对于大学生跨文化交际能力培养起着理论指导作用。而语言迁移理论已被广泛应用于英语教学研究中，就培养我国大学生跨文化交际能力而言，迁移的发生既是全方位的也是复杂化的，通过对迁移系统化，可为我国大学生跨文化交际能力的培养提出以下四点教学启示：

（1）语言迁移理论强调反复练习及强化语言和知识输入

在外语教学中，通过教师的强化语言和知识输入及学习者的反复模仿练习，让学习者养成新的、好的学习习惯。大学生跨文化交际能力的形成也需教师在教学过程中强化目的语及跨文化知识的输入，加强新获得的知识用于交际的反复练习。增加跨文化知识的输入，使学生了解对方文化的风俗习惯、生活方式及价值观念，再通过反复训练，增强记忆，达到熟能生巧、运用自如，进而实现打破母语束缚，提升跨文化交际能力。

（2）语言迁移理论注重“创设情景”

二语言迁移理论强调的是学习者的心理认知过程，即先前的知识对后面知识

的促进和干扰。这就要求，在外语教学过程中，老师对待学生的语言学习不可操之过急、莽撞行事，要善于学会创造适合外语学习者的学习氛围，通过循序渐进的方式帮助他们积极构建自己的语言新知识，从而将语言学习变被动为主动。而培养大学生跨文化交际能力也正需要尽可能地创设真实语境。通过创设情景，营造跨文化交际氛围，不仅可以提高学生学习的积极性，还能促使学生对交际方的文化背景态度从不感兴趣到感兴趣的转变，使其在自主状态下自然提升跨文化交际的自信力。

（3）语言迁移理论强调对比分析

在外语教学中，母语和目的语的文化进行对比是极为重要的。通过对比分析，可找出母语与目的语两种不同语言知识的本质特征，分析出正向迁移的主体关联内容，促进学习者对新知识的学习与掌握。而在大学生跨文化交际能力培养方面，通过对母语和目的语的文化差异进行比较分析，可提高大学生的文化差异意识，使其在交际过程中，排除母语及本身所固有的文化背景干扰，有利于应对文化差异引起的交际冲突，从容应对各种社会情景和人际关系，促进交际策略与技能的提升。

（4）语言迁移理论还强调错误分析

对培养大学生交际能力而言，教师在教学中（焦点场合）可从学习者口头语的输出中识别和收集错误，并对他们进行描述及解释，使学生潜意识或无意识地提高目的语的监控意识，让其在非焦点场合中潜移默化地注重英语知识的运用、跨文化交际，进而减少母语负迁移，消除这些错误，有效提高大学生跨文化交际意识能力。

二、语言迁移理论指导下培养大学生跨文化交际能力的策略

培养大学生跨文化交际能力是时代需求，而跨文化交际能力培养是现代英语教学中必不可缺的重要一环，为了能够更好地培养出国际化的高素质英语人才，教师应从教学实践的具体策略及措施出发，让学生在英语文化、英语应用实践和英语资源拓展等方面得到有效增强，同时在强调跨文化交际的英语教学探索中进一步贴近英语文化背景，深入学习和理解英语语言，最终实现跨文化交际的良好沟通。基于我国大学生跨文化交际能力及能力培养现状问题，以语言迁移理论为指导，上文我们提出了四点教学启示，为使这些教学启示能实际运用于大学生跨文化交际能力培养上，并其贯穿于整个培养教学之中，最后对跨文化交际能力培

养提出了以下四条策略，以期提高跨文化知识水平及双向跨文化交际意识、增强跨文化交际自信心与主动性、打破母语束缚、提高目的语监控意识，最终实现我国大学生跨文化交际能力的提升。

（一）英语教学中适当增加跨文化知识输入，同时开设跨文化交际课程

在前文中，通过文献调查法及问卷调查法得出我国大学生跨文化交际能力整体偏低，其中普遍存在的问题是跨文化知识水平不高，跨文化意识缺乏。究其原因是交际者之间的语言、文化存在着显著差异。很显然，交际中的语言运用与交际者的文化存在着紧密联系，即语言是建立在文化基础上的交际符号系统，因此文化上的差异会引发一系列交际障碍。语言迁移理论认为语言迁移不局限于语言层面上，还涵盖了文化等其他层面，迁移是全方位的。这就要求教师在英语教学过程中除了语言本身教学以外，还需要加强文化方面的教学。如将语言的教学与文化的教学有机地结合起来，不仅能丰富语言教学的层次性，还能有效提升语言教学的教学效果和应用实践效果。

换而言之，在大学英语教学中，教师除了英语语言教学外，同时还要注意在英语语言性教学的基础上广泛传播英语文化的相关教学内容。如通过对英美国家用餐礼仪文化的课前导入，将其历史文化与礼节的形成和发展结合起来讲解，适当地渗透国外历史文化，不仅增强了学生学习的主动性与积极性，还能加强学生对一些国外的文化知识的掌握。此外，适当开设跨文化知识课程，有利于进一步加强对学生跨文化知识的拓宽和思辨能力的培养。学生通过对英语文化的历史渊源、社会习俗、文化现状及语言规范等深入了解后，可提高跨文化交际意识，减少不同文化背景所造成的交流障碍，提升交际自信。

然而跨文化交际是双方的交流，除了了解西方文化和社会背景外，当代大学生还应承担起继承和传播中国文化的责任，即在交际过程中，不只是被动接受信息，更要成为一座可双向通行的桥梁。事实上通过中、英、美等文化的异同进行比较分析，如介绍完英国、美国的用餐礼仪及文化后，适当地将中国用餐文化与它们做比较，还能进一步提升跨文化交际能力。语言迁移理论认为通过比较分析不同语言的差异，预测学习者在第二语言或外语学习中的难点及输出和输入中的错误，从而使学习者避免错误或尽可能少犯错误。

这就要求，在英语教学中还要适当渗入中国文化元素，通过对比分析找到中英两种语言和文化的契合点，把中国传统文化与英语教学有机结合起来，比如中

英民俗文化比较、诗词戏剧鉴赏对比等。特别是在秉承共商、共享、共建原则的“一带一路”时代背景下，要与沿线65个国家和地区以及53种官方语言形成良好的跨文化交际形式，以便与沿线国家人民沟通顺畅，有效进行贸易往来及人文交流等领域的各项务实合作。我们除了要学习了解他国文化特性、工作习惯及风土人情，更要向沿线国家民众弘扬中华文化，展示如共同繁荣、海纳百川、以诚为本、以信为基、以和为贵等中华文化独特魅力，能让外国民众更加深入地理解和信任中国。这更加要求外语教师本身要与时俱进，在加强跨文化知识输入的同时，充分利用信息时代下的技术与手段，培养学生双向跨文化意识。

（二）充分利用现有的教学条件，合理创设跨文化交际平台

语言迁移理论注重“创设情景”，该理论强调的是学习者的心理认知过程，简单地说，即先前的知识对后面知识的促进和干扰。通过情景创设，人们在思维方式上的相同性和近似性，及其情感在相同情景下的相通性，使交际者在交际过程中彼此成为一种强势驱动，进而对彼此之间的差异变得可控及理解。交际者随着交往的深入和持续的自我调适、自我修正，构建了跨文化语用学解释的可能性与跨文化交际的可行性基础。跨文化交际能力是在一定语言交际场景或环境下，交际者应用语言知识和技能进行交际行为的能力水平体现。因此，为了更好地提高大学生的跨文化交际能力，教师可以在大学英语教学中创设跨文化交际的语言环境，营造跨文化交际氛围，让学生在实际的跨文化交际情景中去吸取教训及累积经验，循序渐进地提升自我心理认知程度。

如此，一方面可以提高学生学习的主动性以及灵活运用语言的能力；另一方面还能更好地实现英语理论学习向应用实践的转化。例如，可以通过一些经典的英语剧本适当地改变使情景再现，让学生通过角色扮演模仿场景中的对话或开设跨文化沙龙等增加学生的跨文化交际机会，进而提高学生之间的英语交流运用能力。也可以通过多媒体以动画以及情景对话的形式刺激学生的听、说、读、写能力，以此来提高学生对英语的理解能力，从而提高交际能力。

然而教学情景的创设并不是无时无刻的，更不能随心所欲。在跨文化交际能力培养过程中，教师创设具体情景需要根据学生的英语水平、现有条件以及培养内容来设置教学情景的时间和难度，使所创设的情境符合大多数学生能力水平，如此才能更好地调动学生的参与热情。倘若所培养的大学生英语整体水平不高，在所创设的情景对话中出现了许多不认识或不会拼读的单词，其在对话时就无法

将语意准确表达出来，从而容易闹出笑话；又或者所创设的情景时间过短或过长，学生要么感觉学得不深入，要么感觉冗长乏味，失去学习的自信心和学习兴趣，那么也就难以保证学生能在课堂中完成情景任务。这就要求教师所创设的情景不仅要与所教的内容紧密结合，还需根据课堂时间及学生的英语水平，合理安排创设情景时间与难度，此外还可以将生活融合进来，这样更能体现情景的趣味性与生动性，进而唤醒学生的英语热情，将被动变主动。

（三）比较分析汉英两语的异同点，并充分挖掘它们的相似点

语言迁移理论认为第二外语学习过程中学习者不可能将目的语与母语完全孤立起来，母语的正负迁移可以加速或延缓第二外语习得。进而言之，当母语和目的语有相似之处时，母语可以帮助学习者尽快学习目的语，例如掌握目的语的语言规则等。若母语和目的语差距较大时，则会阻碍目的语的习得，进而影响跨文化交际能力。

（1）在音标方面

就汉语和英语的相似之处，笔者从音标、句法结构两方面进行简单的举例说明。例如，汉语中拼音 a、o、e、i、u 和英语中 a、o、e、i、u 发音完全不同，且英语中 a、o、e、i、u 是元音字母，其语法、用法与汉语存在巨大差异。为此，要求英语老师在进行第二外语教学时要善于利用语言的正负迁移，充分挖掘母语优势，通过汉英两语的共同点讲解，或者根据语言负迁移对所犯错误加以修正并不断完善，帮助学生生成有利于目的语习得的中介语系统，进而促进目的语习得，增强跨文化交际能力。

（2）在句法结构方面

无论是汉语还是英语，都有陈述句、否定句、疑问句、感叹句等。语言习得者在刚开始接触目的地语及其文化时，可以利用母语的句法结构迁移到目的语学习中，帮助学习者更好地了解目的语句法结构，并提升跨文化知识水平。

老师在进行跨文化教学中可以根据汉英句子结构的相似性举例，方便学生理解，促进目的语的习得，从而提高跨文化交际能力。但是汉英之间分属不同语系，语法复杂，差异性明显大于相似性，若强行将汉语交际模式施加于英语交际中，母语负迁移对跨文化交际能力干扰较大。更何况学习不能一蹴而就，学生在学习中犯错误也是在所难免的，这时候无论是老师还是学生都要善于利用语言的负迁移、结合语言之间的相似性、分析错误所在、不断修正并改进，加强目的语的认

识，提升跨文化交际能力。

（四）合理运用错误分析，开展多种形式的交际练习

语言迁移理论强调错误分析，这就要求在英语教学过程中，教师须从学习者口头语的输出中识别和收集错误，并对它们进行描述及解释，以便在教学过程中更好地消除这些错误，正确引导学生学习。这一教学思路同样适用于大学生跨文化交际能力的培养。在培养大学生跨文化交际能力过程中，教师通过对学生口头语表达中识别和收集错误，并对它们进行描述及解释，使学生潜意识或无意识地提高目的语的监控意识，让其在非焦点场合中减少母语负迁移，形成良好表达习惯，提高跨文化交际能力。

此外，语言迁移还可能受到学生自己的个性特征及教学环境等因素的影响。即目的语的自我监控意识强弱也会因人而异。如有些学生在课堂中听老师讲述一遍知识点后，就能很快在各种交流或交际场合形成良好自我的目的语监控意识，而有些学生则需要不断练习强化才能达到这一目的。这就要求教师还要以学生为本，从学生本人出发，帮助学生分析造成这些问题的原因，尽可能地消除学习者的心理障碍，提升他们在跨文化交际时的自信心，为促进跨文化交际能力提升创造条件。

以上所提的四条培养策略，是以语言迁为理论基础，为解决我国大学生跨文化交际能力普遍存在的现状问题而提出的。这些现状问题不是独立存在的，它们相互渗透、影响。例如，在跨文交际过程中，由于跨文化知识水平有限，则很有可能会出现不自信或怯场的情景发生，更加难以实现交际意识上的提升，进而养成积极性不高、主动性不强等交际问题。而积极性不高、主动性差反过来又会大大降低对对方文化背景或文化历史的兴趣，进而对跨文化知识产生厌学情绪，反之亦然。

故此，本章节所提的这四条策略也并非是独立存在的，它们可相互并存、相互渗透及相互影响。在加强跨文化知识输入时可以适当渗透中西方文化比较分析；在创设跨文化交际情景时可适当输入对方文化知识，并对模拟交际场景中出现的问题进行错误分析；在对比分析目的语（中文）与母语（英语）异同时也可以充分利用现有的教学条件进行适当布设情景等。这就要求教师要灵活运用这些培养策略，方能更好地促进大学生跨文化交际能力的提升。

第五章　大学英语文化体验教学行动研究

第一节　大学英语文化体验教学相关要素分析

一、大学英语文化体验教学内容

大学英语课堂传统教学内容一直是词汇讲解、词汇辨析以及句子翻译等，基本句限于语言形式本身的意义，缺乏语言本身以外的意义，忽视上下文语境与此词汇或者句子的关系，长期以来造成语言与其语境脱离，更未涉及其缄默的层面。所以，要想改善这样的大学英语课堂，首先要着眼于改进大学英语教学内容。

我国现行的大学英语课堂的教学内容首先是词汇的教学，只是涉及其发音、搭配以及单句中的使用，至于其本身所蕴涵的其他方面的含义几乎被忽略，无法达到美国学者理查德（Richards）曾经提出的词汇学习的内容标准，其中一条是知道该词的语义价值（指示意义和隐含意义）；也不符合20世纪70年代中期英国语言学家利奇提出的将词义的研究置于整个社会文化背景下，突出了词义的交际功能。尤其是利奇将词义划分为不同的类型，包括反映意义、搭配意义、情感意义、社会意义和内涵意义，这些意义具有非限定、可变化的特征等，统称为联想意义；而这些联想意义具有强烈的文化内涵，反映出其隐含意义的特征。这些要求均凸显了大学英语教学中文化教学的重要性。

词汇教学是语篇教学的基础，我国大学英语的语篇教学几乎完全“沦陷”于翻译法的“泥潭”。课堂上课文内容的讲解局限于文章内容的翻译，而语言的语境性、社会性和文化性等因素被“束之高阁”，学生学到的是独立的句型和意义，无法将其迁移到合适的社交场合，无法达到卡纳尔（Canale）曾经提出的语言交际的能力四元素：语法、社会语言学、话语和策略能力。在这四项中，后三项更多的取决于文化因素。

词汇和言语（任何英语语言材料或者课文）是我国大学英语教学的首要内容，也是促成成功的语言交际的两块基础阵地，语言的社会性和文化性要求词汇教学需要通过一定的教学策略改善其效果，课文教学也是如此，它们的教学均须顾及其隐含意义的一面，即缄默的一面。所以，缄默知识本身的特点呼唤大学英语教学方式和模式的改进。

二、大学英语文化体验教学方法

传统的大学英语课堂注重语法翻译法，即词汇和课文的翻译、语法的灌输，学生学到的是词汇和课文的表面含义，无法将其对应到合适的语境或者是合适的交际环境、社会环境之中，所以才会出现“流利的傻瓜”这种现象。众所周知，语言本身不但具有文化性，而且具有社会性；词汇的表面含义或者所指只是其意义的一部分，课文的表面含义也只是其对应语境下的一种含义，在不同的语境下或者社会情境下，其含义可能会发生剧烈的变化，这就要求语言的学习应该是一个“活”的语言环境，即交流或者交际的语言环境，学生在交流或交际的情景中学习语言。所以，交流和交际的“主题”是教学的切入点，鉴于文化在语言教学中的充斥性，确定相当的文化主题首当其冲。

在确定文化主题的过程中，其范围和覆盖面成为一个难点，笔者在此借用苏联语言国情学中关于贯通性主题的概念，结合美国学者帕特里克（Patrick）提出的文化教学提出了以词汇和语言为其形式，以文化个体、文化实践、文化观念、文化社群以及文化产品五个文化主题为切入点的文化体验教学；同时，由于语言的缄默性和非语言系统的文化性，这些均需要通过交际或者交流去习得。为此，作者提出了大学英语文化体验教学模式的初步构想，并实际应用在自己的大学英语课堂中。

三、大学英语文化体验教学情境

在建构主义理论中，知识总是要与一定的环境、目的和任务相适应。在传统的大学英语课堂中，语法—翻译法引导学生学习到的是“死”的语言，导致他们大多数不能在合适的情景或者情境下进行得体地使用，究其原因是由于他们不清楚这样的知识和什么样的环境、目的或者任务相适应，也就是不清楚何时、何地、用何种方式和谁可以这样交流，即欠缺社会语言学家海姆斯所强调的语言能力。因此，在大学英语文化体验教学中，为了使学生学习到“鲜活”的语言，作者提出，在一定的教学情境中进行活动性学习，注重教学情境的生活性、形象性、问题性和情感性，生活性可理解为文化主题与他们的生活经验的交叉，形象性可理解为通过多媒体等现代手段进行的情境再现，问题性即让学生意识到为什么在不同的民族国家会出现这样的情况，情感性则可以引发学生更多的情感投入与共鸣，使得学生对于文化主题的体验、感悟达到一定的深度和高度，从而对于相关文化主题达到理解，尤其是隐性文化知识，其意义具有情境性，只有通过运用和实践才能够被理解。

后现代知识观认为，知识的意义有不确定性，即它不是一成不变的，随着使用场合和社会文化等因素的改变，知识的意义会随之改变，同时知识的意义生成也取决于个体与外界，即环境或者社会的互动，它不是个体对于外部世界的镜像反映，而是个体在与周围环境进行互动时建构的，是在和其他社会个体协调的过程中逐渐建构和发展起来的。美国教育家杜威所强调的“做中学”理论其实就是主张教师能在教学过程中提供给学生以“引起思维”的情境，他主张教学过程的第一个要素就是“学生要有一个真实的经验的情境”，因此，在大学英语文化体验教学课堂中，教学情境的创设成为一个重要的元素。在本研究中，它不仅是指由教师进行的“能引起学生思维的”情境创设，也包括借助多媒体设备进行的文化体验情境创设，在创设的情境中，鼓励引导学生进行一系列情景活动和对话，在对话中获得感悟、体验，习得建构语言所蕴含的意义。

第二节　大学英语文化体验教学行动研究的实施

一、研究目的

美国学者麦克尔南（Mekernan）曾经指出，行动研究是一种运用科学方法解决课程问题和系统性的自我反省研究；参与者是这种批判性反省探究过程和反省探究结果的主人。第三代行动研究代表者埃利奥特曾经提出，“改进实践”是行动研究的基本目的和特征，他认为“行动研究的基本目的是改进实践而不是构建理论，构建和利用理论从属于且依赖于这个基本目的”。行动研究还强调，教师对于每天的常规教学应该有反思的立场——积极主动地用钻研的眼光去检验自身的教学，以提供教学水平，而此恰恰与教育的基本原则一致，教学过程是一直改进的状态，行动研究为教师提供了自己能够采取的专业方式，当教师通过行动研究对于自己和学生的行为有了新的了解时，他们便能够：第一，决定哪些需要改变，哪些不需要改变；第二，将先前的知识与新信息衔接起来；第三，从经验中学习，哪怕是失败的经历；第四，提出问题，并系统地找出答案。

由此可见，行动研究是一种自我反省研究，即反思性实践，反思自己教学过程中的问题，从中发现问题、解决问题。同时，教师既是研究者又是行动者：作为研究者，通过反思自己的教学过程，不断改进自己的教学活动；作为行动者，教师成为反思性实践者，因而对于问题的解决更具有针对性和及时性。在本研究中，作者通过自己几年的大学英语课堂教学实践探索，发现大学英语课堂教学中存在的普遍性问题——文化教学缺失，相应地提出了大学英语文化体验教学内容和方法，用来改进自己的大学英语课堂教学实践活动。

二、研究方法

行动研究一般有四个步骤：第一，确定研究问题；第二，收集数据；第三，分析和解释数据；第四，制订行动计划。美国学者杰夫·米尔斯曾经将这四个步骤命名为“辩证的行动研究螺旋”，这种模式下的研究，是由教师操作，为教师和学生服务，是可以根据不同的使用环境和目的进行调整的动态与互动的研究模式，也是为教师研究者们设计的用于思考自身工作的富有启发式和建设性的方式。

而在本研究中，作者针对大学英语教学的内容及其方法，通过为期一年多的行动研究，收集数据，分析结果，并根据其结果对大学英语文化体验教学方法进行改进，并且随着每一个单元的教学进行深化调整。其中，研究方法采用定性研究和定量研究相结合，具体分为：①通过参与式观察，即实际调研来反映课堂情况；②进行非正式的人类学访谈；③制作调查问卷，利用 SPSS 12.0 进行统计分析，从多角度验证研究问题的假设。

第一个阶段是定性研究，从 2009 年 9 月份开始。第一种方式是课堂观察，做观察日志，密切注意学生课堂上参与互动的积极性。第二种是访谈，访谈内容基本上是半开放式的，主要是为进一步问卷的设计做一些铺垫性的工作。和每一位访谈者访谈的过程是这样的：第一次是面谈，随后进行电话联系或者通过电子邮件的方式进行访谈。为了让所有的学生受试者都能很好地了解访谈的内容，避免由于语言问题造成不必要的麻烦和误解，因此访谈均用中文进行。

第二个阶段主要用定量方法分析受试者回答的问卷。此次问卷设计参考了舒尔茨（Schulz）、伯吉斯（Burgess）和埃塞林顿（Etherington）研究中的问卷形式。问卷设计共有 30 道题，成五级量表形式，回答设计为五项选择：选择“1”表示“完全不同意上文的表述”，选择“5”则表示“完全同意上文的表述”，“1”至“5”呈五级排列；同时对于各个选项予以赋值，“1”赋值 1 分，“2”赋值 2 分，“3”赋值 3 分，“4”赋值 4 分，“5”赋值 5 分。共发出问卷 60 份，收回有效问卷 54 份，具体如下：对收回的有效问卷，用 SPSS12.0 统计软件进行了数据分析，首先是对数据进行汇总分析，其中包括总体数据描述分析、数据比较分析；然后分别作了类似的单独统计分析，并作了男女不同性别的差异分析。数据分析旨在初步掌握每一个学生以及不同性别的学生对调查问卷中所涉及问题的态度看法。

三、研究设计

（一）研究问题假设

语言与文化就好比是“一枚硬币的两面”，语言的交流实际就是文化的交流。但是，在大多数大学英语教学实践活动中，这种理论更多的只是流于教师和学生的理念，很难在教学活动中真正地实施。在本研究中，作者认为，大学英语教学首先应该着眼于文化，然后采取体验的途径，为以后的跨文化交流打下基础。同时，在不同种族之间的交流中，更多的障碍是来源于文化，而且是缄默的那一部分文化，即隐性文化。根据缄默知识理论，缄默知识的获得只有通过“做中学”。因此，作者提出如下假设：

第一，大量的事实证明，传统的以语法—翻译法为主的大学英语教学对于大学生的文化学习效果甚微，对于教师所要追求的基本“语言”学习也未达成其效果。作者认为，从文化教学着手，视大学英语教学为文化教学，首先能激起学生的学习动机，从而为此后的大学英语文化体验教学做好铺垫。

第二，文化有显性文化与隐性文化之分，但就像前文所说，显性知识中隐藏着缄默知识，缄默知识中隐藏着显性知识，经过文化主题教学，学生获得了显性文化知识，同时在体验中也感受到了隐性文化知识。

第三，在课堂教学实践活动前，学生群组围绕不同的文化主题做大量的预习（教师在课前或在课堂上布置安排妥当），如上网查阅相关资料、联系自己民族的相关文化主题，让学生有一种焕然一新的学习感觉，从而为课堂上进行角色扮演或者讨论提供足够的课前准备，成为文化体验教学的序曲。

第四，以每一个单元为一个循环，教师和学生（以教师为主）对于教材进行

“二次开发”，使其成为课堂上学生进行角色扮演或者讨论的蓝本，同时观看相近文化主题的影视片作为一个单元之后的强化，加深学生对于单元文化主题的深层理解和体验。

第五，在本研究中，以学生为学习中心，他们是体验的主体。一个单词、句子或者一部影视片唤起学生对于自己过去相似经历的联想，这是词汇和句子学习的体验，并且以此为圆心，而形成一个个学习圆周，不但习得了文化，而且学习了语言。

根据以上假设，大学英语文化体验教学就是一个层层推进的教学圆周，其中贯穿了学生的体验，其教学理念是以学生为中心的学习，其目的是大学生跨文化交流夯实基础。

（二）研究预想结果

大学英语文化体验教学是以文化为起点、重点和终点的教学，其研究预想结果为：

一是在大学英语文化体验教学中，文化主题这一概念的引入切中了学生学习英语的要害，极大地激发了他们的学习兴趣；

二是以学生为学习中心的体验教学，调动了学生的积极性，部分颠覆或是补充了传统的大学英语课堂教学；

三是大学英语文化体验教学使学生意识到学习英语不只是单个的词汇或者句子学习，而是整体语言的学习，进一步深入文化的理解，从而改善他们目前的英语学习方式；

四是根据课堂观察、访谈和调查问卷，结合大学英语文化体验教学活动的实施，初步形成大学英语文化体验教学。

四、研究步骤

（一）收集大学英语教学现状

从理论意义上来讲，我国外语教学界已经意识到文化在外语教学中的重要性，但从实际情况看，大学英语教学的现状不容忽视。据追踪大学生毕业后在工作中表现的统计表明，大学毕业生毕业后能胜任外事交流场合的极少。更多的人是只会看不会说，大学英语的程度属于“哑巴英语”，或者是“流利的傻瓜”，即不知道语用原则，不理解异国语言文化，导致一些语言引起的误会。从这些证据足以证明我国的大学英语教学的现状不容乐观，而且“费时多，见效低”成为我国大学英语教学的病痛。

大学英语是大学一、二年级的必修课，每周平均四节课，是各门功课中最频繁的课程，学生几乎大部分时间在学英语，以应付四六级考试。可是，即使是四六级成绩优异的，不见得能流利、得体地使用英语。归根结底的原因是，大部分教师课堂上依然是使用语法—翻译法讲授英语，学生没有机会使用英语，对于英语国家的文化知识更是知之甚少，老师“为教授语言而教授语言”，学生也是“为学习语言而学习语言”。当然，这一方面与四六级的考试压力有关，但是更多则与教师的教学观念和学生的学习观念密切相关，即“为语言而语言”。同时，教师自身对于英语国家文化的知识欠缺也是原因之一。

我国大学英语教学一直以来都比较重视知识语法点的讲解，课堂上忽略学生的积极性和主观创造性，素质教育的成分更少。众所周知，21 世纪是一个竞争的时代，世界正在变小，人与人之间的交往时效性更强。英语几乎成为世界上各民族沟通的桥梁，文化交流必不可少。但是，大学英语教学较少涉及文化教学，学生得到的只是单个的单词或者句子，对于使用的得体性无从知晓。有一份资料统计表明，当学生被问及自己的跨文化交流能力时，60% 的人认为，自己对于跨文化交流知识不太了解；48.9% 的人对于西方习俗不了解；55.1% 的人关于非语言交际知识了解很少。可以得出我国大学英语教学的误区有：第一，教师只是注重课本知识，对于引导学生对于西方文化的了解作为不够。近几年，跨文化交流已经成为必须的能力，尤其是毕业后进行科研交流更是必不可少，所以加强理工科学生的大学英语文化学习，迫在眉睫。第二，大学英语教学模式需要与时俱进。传统的语法翻译法已经不能适应时代的发展，语言的输出以及语言所蕴涵的文化内涵都是教学内容之一。提高学生对于西方文化的体验和感悟是必要的。第三，大学英语教师需要提高自己的专业知识素养，不但要教授语言，也需要学贯中西。总之，大学英语教学不是一个简单的单词或者句子学习，而是文化学习。

在本研究中，某大学是我国“211 工程”院校之一，是一所综合性大学，有英语教师 100 余名，大部分毕业于外语专业院校，主要为英语语言文学专业。学校主要以理工科为主，大学英语教学在某种程度上只是为了学生通过四六级考试做准备。英语的课时安排为每个班级每周四课时，其中一个课时为听力教学。据调查，教师在课堂上大多时间是讲解词组、句型以及段落的翻译，或者是习题的练习，教授原则是让学生学会单词的使用，段落的翻译以及句型的运用，较少涉及文化的讲解以便加深学生对于词汇以及言语的理解。学生的语言学习只是机械地背诵以及反复操练，缺乏对于语言的深层次认识——文化层次的认识。大学英语课堂和中学英语课堂如出一辙，并未体现出大学英语的高层次性。

（二）大学英语文化体验教学实践研究

从2018年9月至2020年1月，作者在课堂上初步设计了文化体验教学步骤和方法，如逐渐从单纯词汇使用的讲解演变到单词内涵与外延文化的延伸；并且从课堂观察发现，学生的参与度有所提高，英语学习的积极性有所增强，学生学习的劲头比较踊跃，参与文化体验活动积极，文化体验教学成为改善学生学习大学英语的一个有效措施。

作者所教授的《大学英语》（全新版）一共四册，从《大学英语》（全新版）第二册开始实施大学英语文化体验教学，每册共设八个单元，本研究主要覆盖第二册和第三册，历时整整两个学期，共计16个单元。每一个单元分Text A和Text B，笔者主要进行Text A的教学，Text B留作快速阅读材料。每周进行两个课时的听力课，并且与当周的Text A的主题紧密相连，在网络上搜寻相关主题的英语原声电影观看，为后来的角色扮演和学生“头脑风暴”提供合适的背景场面，即和一个文化主题相关的社会环境、语言环境等，因为一个逼真的生活问题情景不仅可以激发学生的学习兴趣，还可以引导学生多角度地去认识和探究该问题，从而使得他们对于要解决的问题有一个比较全面深刻的理解，便于后来的进一步学习和探索。

1. 教学目标

在每一个单元的教学中，实施大学英语文化体验教学模式。

让学生意识到语言与文化的不可分离性，通过文化体验感受到语言的学习不是个别词汇或者短语的学习，而是语言的整体性学习，以期取得良好的教学效果。学生在后续单元的学习中，学习兴趣增强，学习动机积极，学习方式方法改善。

2. 大学英语文化体验教学具体实施步骤

第一步：在每一个单元的教学中，首先是词汇教学。课前要求学生对于每个单元（Text A）的词汇进行分类预习，即该词汇属于哪个文化主题（即文化产品、文化实践、文化社群、文化观念以及文化个体）。学生可以使用网络、词典等相关工具进行查询，获得其各个方面的信息，如文化背景、含义以及意义的变化等，以备课堂上的讨论。课堂上，在词汇教学中，词汇的上位概念和下位概念的延伸讲解作为搭建脚手架阶段，学生围绕每一个词汇进行相关的“头脑风暴式”联想，即进行体验，形成五个相关主题的互动，形成以某一个文化主题（即文化产品、文化实践、文化社群、文化观念以及文化个体五个主题之一）为核心的圆周进行互动。在使用英语表达自己观点的过程中，联系自己的经历或者经验（包括自己的预习所了解的），就像维果茨基认为的，人的心理发展既是个体的，又是社会的，个体的知识建构过程是与社会共享的理解过程不可分离的，学生自己的经历或者经验作为一种建构的知识与社会、文化等须臾不可分离。可以认为，新获得的知识与学生本身认知结构中已有的相关概念发生联系，所以学生发生了有效学习，从而形成自己对于相关主题的观念和认识，这种过程即是一种文化体验。围绕某一个文化主题的圆周制教学得以循环进行，其内容、目的和方法均以文化为主。

第二步：词汇教学后，进行课文的教学。课文的教学首先注重语言的教学，此处特指语句的教学。词汇的教学为语句的学习提供了前期的基础，即词汇的内涵和外延，词汇所涉及的文化元素，为语句的教学提供了平台。在教学中，教师对于相关语句的解释以词汇的学习为基础进行，学生分组进行讨论。在这种讨论学习过程中，学生构建协作社群，成为一个学习的“社会群体”，这种社会群体创造了语言“赖以生存”的语境，同时语言的意义又通过这种社会性群体的相互依赖获得，学生的个体知识得到了促进，知识最终达到建构和发展。同时，这种讨论提供了一个环境使得体验得以顺畅进行，在“对话”与“协商”中，学生调动自己对于相关词汇的学习以及已有的个体知识背景，学生的主体地位通过积极参与活动表现出来，他们通过心灵进行感受，在亲身的经验和体验中理解知识，提高和发展自己的语言能力。

第三步：在词汇和语句的学习基础上是整篇课文的教学，教材的“二次开发”成为关键。首先是教师的脚手架作用，围绕课文相关主题进行改编和开发，以便适合学生进行角色扮演之用。在扮演过程中，学生置词汇和语句于相关的语境中，感受体验其潜在的社会含义。知识的意义和个体的身份是在互动中建构的，而且这种建构具有情境性。情境认知理论认为，知识的意义具有情境性，只有通过运用才能够被理解。它取决于具体的使用场合和社会文化等因素的影响，个体在与周围环境和其他社会个体相互协调和相互活动的过程中逐渐建构和发展起来，体验贯穿在其情景性和互动性中，缄默知识通过实践而获得，即使有一些知识学生在当时并不能意识得到。

总之，无论是词汇的学习，或者是语句的学习，甚至课文的学习，其过程首先是教师的脚手架作用，如词汇学习中，教师对于词汇上位概念和下位概念的解释。语句学习中，教师对于语句的解释以及课文教学中教师对于课文的“开发”，教学进入第一个圆周，即“知道是什么”，此阶段属于被动体验。当学生进入“头脑风暴”式联想、分组讨论、角色揣摩时，教学进入第二阶段，即“知道怎么样”，此阶段属于主动体验。在教学第三阶段，即“知道为什么”，学生进行陈述，进行讨论、进行角色扮演，此阶段属于实践体验，此时教师的脚手架作用是作为引导者和阐释者，对于学生自己在学习过程中发现的问题和做法进行合理的阐释。最后一阶段即是学生自己对于英语语言文化与中国文化之间异同的看法，对于相关的词汇、语言有了一个全面的理解。

听力课堂上通过现代化媒体营造的语境和社会情境提供了一个相关文化主题发生的合适的社会环境，为学生进行课堂上的讨论和角色扮演提供了“锚”，即和相关文化主题关联的问题，这些问题的讨论和解决为学生以后顺畅的跨文化交流提供了摹本，其“做中学”获得的缄默知识为以后成功的跨文化交流扫平了障碍。

3. 观察与访谈

作者在进行课堂教学时，集中观察学生对于这种教学模式的反应，看其积极性和参与度是否提高。课后留下几个学生进行实时反馈，询问他们是否喜欢这种教学方法，课前是否有充分的预习，是否上网查询相关资料。学生对于自己的感受进行了详细陈述。在大学英语文化体验教学模式的后续实施中，作者对于一些学生通过电子邮件的方式进行了访谈，大部分学生均反应良好。

4. 教学反思

大学英语文化体验教学覆盖了《大学英语》(第二册)和《大学英语》第三册，总计16个单元。在每一个单元的学习中，作者从以下几个方面进行了反思：

①词汇以及课文的教学环节是否紧密?

②大学英语文化体验教学是否吸引了那些对英语缺乏兴趣的学生?

③头脑风暴和角色扮演的设计过程是否合理？这样的设计是否顾及每一个单元其隐性文化的层面?

5. **教学改进**

在每一个单元的教学之后，对于观察、访谈和反思的结果进行思考改进，集中改进其中一个问题，如大学英语文化体验教学模式还有哪些环节需要深化？教学环节中的各个策略是否引导学生进行了积极的体验活动？若没有，原因在哪里？等等，以期在下一个单元改良实施效果。

（三）大学英语文化体验教学实例：Unit One Text A Learning, Chinese-Style

学期伊始，笔者按宿舍对学生进行分组，以便他们进行课前讨论和预习。关于课文 A 的学习大致可分为三个阶段：首先是整个单元的概括，使之起到先行组织者的作用，然后进入第一阶段的教授和学习；第二阶段是语言，即语篇、课文的学习；第三阶段是进行相关主题电影的观看和讨论。其中，第三个阶段和第一个阶段，由于学校课程安排的限制有可能前后顺序颠倒。在教授这篇课文之前，要求学生对于课文进行预习，了解文章的大概含义和内容，并且关于“教育”这个主题在网络上搜索相关的、尽可能多的资料，随之进行消化吸收，作为文化体验的序曲。

课文刚开始，首先由老师对于整篇课文进行概括，即提供先行组织者让学生有的放矢地进行“头脑风暴”，此时，此前学生所作的课文预习和网络资料搜索起到了“推波助澜”的作用。

然后进入第一阶段——词汇的教与学。学生对于课文后词汇表中的一些单词预先进行了分类，根据五个贯通性文化主题，即文化个体、文化实践、文化观念、文化社群和文化产品进行分类，其中有一些词汇的归类可能不是很明晰，尤其是一些动词的归类，但可以由学生联系自己的“教育”经历进行回顾和体验。

实例：

self-reliance(*n.*)acting without asking for support from others 依靠自己，自力更生。

第一步：先行组织者（教师讲解），学生主要进行被动体验，即由外部提供信息，学生进行被动体验感受。

self 为一个词缀，经常表示“自己”；reliance 来源于“rely”，含义为“依靠”；“-(i)ance”为名词后缀，表明这个词性为名词。词汇的解释是本身的表层含义。如文中所用：Such self-reliance is a principal value of child rearing in middle-class America.（这种自力更生的精神是美国中产阶级最重要的一条育儿观。）其他意义，如联想意义等，由学生在后面步骤中逐步感受和体验。

第二步：学生将其划归为“文化价值”一类，因为“自力更生”是美国主流价值观之一。要求学生对其进行一定时间的“头脑风暴”，并且每组可以进行讨论，汉语亦可。其中讨论的内容涉及文化产品、文化实践、文化社群以及文化个体。主动体验和被动体验并行。每一组可推举一个学生对于此单词进行详细的说明（用英语），美国哪一个群体的人们会注重“自力更生”，怎样进行“自力更生”等，此阶段为五个元素互动的第一个教学圆周，即“知道是什么”。

第三步：每一组再推举一个学生对于自己的经历进行联想，并且尽可能用英语还原自己“自力更生”的经历，想象当时的情景、人们的交流和反应、动作等。若需要，由其他学生进行“配合补充”，还原其“情景”，主动体验与被动体验并行。此阶段为第二个教学圆周，即“知道怎么做”。

第四步：在听取每一组同学的发言和观察其表演的前提下，由学生分组进行讨论这种观念的深层次原因，并且和我国的“自力更生”的观念进行对比，教师此时可适当的进行引导，或者加入讨论。此阶段为第三个教学圆周，即“知道为什么”。

第五步：在经过讨论、对比和评析之后，学生对于美国文化中的“自力更生”和中国文化中提出的“自力更生”的异同获得一定的了解，并且对于中国文化的“自力更生”感受更深。此阶段为第四个教学圆周，即“知道自己”。

每一个单词的文化体验不能忽视学生的参与和师生之间的互动，每一步的界限可能不是很分明，甚至交叉，因为语言的学习离不开思维的参与。

在词汇学习的基础上，开始学习课文。课文如果是金字塔顶，那么，词汇就是砖块，因为词汇构成语句，语句组成语篇，进而组成课文。语句或者语言的教授和学习是课文学习的基础。对于语句的文化主题划分更加复杂，有可能是五个主题均有涉及，但是以一个文化主题为核心进行。

同时，由于学生已经了解到课文的大概含义，查阅了相关的资料，并且进行了词汇的学习，对于课文主题已经有了一定的了解，教师可选择一些与课文主题练习紧密的语句，进行教授。

随着词汇教学圆周和语言教学圆周的层层推进，学生的思维圆周贯穿始末，学生体验由浅及深、由表及里，每周一次的相关主题电影或者视频观看与主题教学圆周相互渗透，有效还原或者创设了情景，使得每一个环节的体验变得鲜活。

相关主题的电影或者视频由学生从网络下载，在观看时，要求学生注意与学校教育、教学相关的场景和情景，注意其运行中所涉及的文化主题，如文化产品、文化实践、文化个体、文化社群和文化观念，由教师提供“锚”或者由学生找出自己感兴趣的“锚”，并且围绕“锚”进行讨论评析，从单词、语句到课文形成一个立体的感受和体验。

围绕这些诸如此类的问题，学生分组进行讨论，教师听取每一组同学的观点并且进行必要的点评和分析。

在整个教学过程中，教师积极观察课堂，中间休息随机抽取几个学生进行访谈，并随后进行笔录，以便课后进行反思改善。在进行下一个单元时，进行同样的步骤，但是抽取不同的学生对象进行观察和访谈，以便能覆盖全部的受试者，达到客观的效果。

五、教学效果讨论与评价

（一）访谈情况分析讨论

通过访谈和讨论，大部分学生能较好地从大学英语文化体验教学中摄取“营养”，如学习英语的热情、课堂上的积极发言，以及口语的提高。尤其是情境创设的环节，凸显了学生的英语口语水平的提高，在角色扮演时，他们可以根据文本进行改编，突出了对于教材进行“二次开发”的过程，也是一种内在的跨文化交流过程。同时讨论以及陈述自己的观点等强化了学生语言表达能力。班级中之前有 30% 的学生敢于用英语表达自己的观点，之后 90% 的学生敢于用英语陈述自己的想法。在访谈中，大部分同学认为，文化应该是大学英语的重头戏，是教学的理想切入点。但是 20% 的同学仍然认为，语法教学应该放在第一位，因为大学英语四级是他们的“生命线”。

（二）观察日志分析讨论

文化体验较好地结合了学生的学习兴趣和好奇的天性，同时对于传统的大学英语课堂教学（语法翻译法）提出了改进，对于学生的学习方式有一定的影响，虽然对于一些学生的影响不是太明显。80% 的学生对于显性文化知识（文本内容）的学习比较到位，60% 的学生开始思考一些与文本相关的内容（有一些是隐性文化知识），显示了知识的内化特点。由于师生共同的参与体验，师生关系更加密切，为进一步引导学生进行文化体验夯实了基础。

（三）学生问卷分析讨论

实施大学英语文化体验教学的目的在于利用圆周制教学方法引导学生通过循环体验学习文化，进而学习英语这门语言。在第一学期，作者以传统的大学英语教学方式为主，即以语法—翻译法主导教学，涉及词汇讲解和课文句子分析，几乎是中学英语教学的翻版和延续，对于文化的教学和学习只有稍微涉及，所以从一定程度上说，这时学生对于结合文化学习语言的重要性认识不太清楚。从第二学期开始到第三学期，作者从各个方面进行文化体验教学，学生由此对传统的英语教学与大学英语文化体验教学的异同性进行对比，有了自己的感受和认识。鉴于此，作者的问卷设计包括以下几个方面：第一，学生对于语言学习与文化学习关系的了解；第二，学生对于传统英语教学的认识；第三，学生对于大学英语文化体验教学的认识；第四，学生对于传统的大学英语教学与大学英语文化体验教学的对比；第五，学生自己在经历了大学英语文化体验教学之后对于语言学习观念的变化；第六，学生对于大学英语文化体验教学的认可度。每个方面设计了5个问题，用来验证大学英语文化体验教学实施后的效果。

通过分析，总体调查反馈结果如下：第一，学生总体上认为，大学英语文化体验教学是可行的，其文化体验的设计是较为合理的，它较好地激发了学生英语学习的兴趣，并且使得文化习得成为可能。第二，文化体验的较弱环节是使用网络多媒体创设真实的语言文化环境。如果这个环节做好了，将会使大学英语文化体验教学更为直观，学生的接受会更容易，效果会更好。第三，大学生需要有更多的机会说英语，从中感受其文化的意义。以前所谓的“哑巴英语”或者是“流利的傻瓜”等并不是学生愿意为之，而是学生没有机会去讲英语。所以，大学生需要在课堂上有更多的机会讲英语。

（四）研究结果评价

如前文所说，文化在词汇、句法和语域方面均有差异，这就要求大学英语文化教学兼顾词汇、句法和语域，这为以后的教学改进指出了方向。当然，这样对于大学英语教师的专业水准条件就有了相当高的要求，教师不但要精通语言学和文化学方面的知识，而且熟悉教育教学的相关理论和方法。这对于解决我国的大学英语教师的来源渠道以及大学英语教师专业发展问题提供了一些启示性的意见。

同时可以看出，小学和中学的英语学习已经造成了一些学生的思维定势，即语言学习就是学习语法，进行时态、语态、单词练习，甚至就是大量地做习题；大学英语学习也只是为了过四六级而已，了解文化没什么用，最需要的是掌握背诵一些高级词汇，对于大学英语学习普遍没有太多的热情，除非是为了四六级考试。通过这次教学实验结果显示，以文化体验调动学生学习英语的兴趣和主动性应该成为大学英语教学改革的切入点。

通过一年多的课堂观察和间断性的访谈以及最终的问卷调查，笔者对于大学英语文化体验教学的实施情况进行了详尽的研究，从中欣喜地发现，通过开展大学英语文化体验教学活动，不但提高了学生学习的积极性和主动性，也有利于培养他们的思维和判断能力。对于当代大学生来说，分清“良莠”是一个需要严肃对待的问题，大学生获得知识的途径多，收取的信息量大，但他们依然需要引导。文化是一个无所不包的“集装箱”，而且是无处不在，在这个“集装箱”里的中西文化精华与糟粕需要甄别，而大学英语文化体验课堂教学提供给他们一个极佳的训练机会和舞台。

第三节　大学英语文化体验教学实施策略

大学英语文化体验教学设计经过一年多的行动研究，其中重点探讨了贯通性文化主题、隐性文化知识、显性文化知识及其转化等问题，也总结了大学英语教师和大学英语教材在大学英语文化体验教学中的作用，从而形成立体性的大学英语文化体验教学实施策略。

一、大学英语文化体验教学内容

（一）大学英语文化体验教学内容的划分

事实上，大学英语的教学内容总是体现一定社会或群体的主流文化，是以社会主流文化代言人的形象出现的。它将社会主流文化转化为适合学生接受的内容方式，使学生在课堂的学习以及与教师的日常交往中，就有意无意地、或多或少地习得了这些文化内容。当然，大学英语中的文化教学一直是外语教学领域的难点问题，需要在教学过程认真探索和总结。我国学者束定芳、庄智象在《现代外语教学——理论、实践与方法》一书中将外语教学的文化内容划分为词语和话语两大类，认为这样易于教师操作和准备材料，也易于学生理解和接受。这个划分与跨文化交际学的创始人霍尔曾经在《无声的语言》阐释的定义有相契合之处。霍尔指出:“文化学存在于两个层次中:公开的文化和隐蔽的文化。前者可见并能描述，后者不可见甚至连受过专门训练的观察者都难以察知。”从语义学来说，词语的所指是现实生活中可以看得见的物质和事实，而它的能指则需要他人进一步的理解体验；看得见的是公开的文化，而需要体验的则是隐蔽的文化。同理，话语的文化特性也区分为公开的层面和隐蔽的层面，如在语篇分析研究领域，话语的隐蔽层面是其研究的侧重点。近年来，在大学英语教材的设计上，词汇表中单词解释就是每个单词的所指，即公开文化的层面；而词汇在课文中的使用则是词汇的能指，即隐蔽文化的层面。关于话语，我国学者王虹在《戏剧文体分析——话语分析的方法》一书中提出:“根据徐赳赳的研究，对于‘话语’这个术语没有统一的理解，有的学者用其特指口语，有别于书面语，也有的学者将其看作是语言运用的统称，既包括口语，也包括书面语。”此处，为了便于教师的准备和学生的理解，可以理解为口语和书面语的统称，因此，指一切教材内容，包括教材文本和任何语言材料，比词语层面更高一级的语言层面。

词语文化与一个民族文化息息相关，民族文化中特有的事物与概念在词汇及语义上会有呈现，同样一个指称在不同文化中可能有不同的内涵意义，即词语在文化含义上的不等值性等。话语也受文化的影响和制约，话题的选择就会体现文化的不同，如谈论天气或者薪水、年龄等在不同的文化中其社会意义不同，甚至用什么样的语言风格来谈论该话题也受到文化因素的影响，各种不同的文化有各自不同的规范和模式。每一篇英语课文是词汇的逻辑组合，必然体现一定的文化含义，虽然其体裁可能是故事、戏剧、科普知识等各不相同，但这些只是语言的公开文化层面，文章作者自己的价值观、思维方式等却蕴含其中，因为个体的文化孕育于共性的文化之中，当学生接触到或者感受到其间的文化信息，就会感受到其语言文化所涉及的方方面面，包括其思维方式，进一步理解和感受与汉语语言文化的区别。很多文学作品描述的是特定的人物形象，表达的是作者本人的观点，但是文学作品却能在很大程度上帮助学习者理解某一群体的价值观和信仰。大学英语文化体验教学是一种结合了词汇和语言的文化语境的教学活动，通过凸显文化特征而提高教学效果。文化既是教学的内容，又是手段，也是目的。

（二）大学英语文化体验教学贯通性文化主题的划分

前文已经谈到，贯通性文化主题必须有提出问题的功能和组织教学的功能。

在大学阶段，无论是大学英语教学的目标要求，还是学生自身的要求以及社会的要求，最终都是对语言运用能力的要求。也就是说，不只是对单词和课文的要求，还有跨文化交流层面的要求，而贯通性文化主题的选择就是围绕着跨文化交际的目的进行的，因为，语言的学习是强调通过运用来进行的，这也是交际教学法的核心理念。我国学者吴进业等人在《跨文化交际与外语教学》一书中提出："文化和交际具有统一性，交际是文化的编码系统，也是文化的传播、继承和储存系统。"他们把文化概括为符号和意义的模式系统。模式可以理解为文化的规则性和稳定性；符号是指代表现实的言语、非言语或其他；意义指的是人们赖以生存的文化，是一个意义系统，是对于所处社会中的文化取向、社会规范、世界观和价值观等方面的解释。只有当交际双方对同一符号的诠释完全一致或在很大程度上相近时，交际才有可能顺利进行。所以，语言的交际本质以及语言的交际功能确定了语言文化教学的定位是为了促进跨文化交际的顺利畅通，哪些文化因素对于跨文化交际的影响比较大，并且可作为组织教学的形式，便可以确定其为教学圆周的贯通性文化主题。根据胡文仲的划分，跨文化交际因素主要包括民族的历史、民族的传统、宗教思想、价值观念、社会组织形式、风俗习惯、政治制度和社会发展阶段（工业化程度、科技水平……）等；另外还有各民族不同的价值观念、世界观和民族性格等影响因素。但是，这些因素没有独立的物理形式，没有形态标志，而是隐含在语言与非语言交际行为中的。帕特里克·摩根（Patrick R.Moran）在《文化教学——实践的观念》中认为，所有人类社会都有一些共同的事实，因此所有的文化都对于这些事实因素有自己的理解，语言教师可以从这些方面培养自己以及学生的文化感觉，它们是人性观、人与自然关系观、行动观、时间观、社会关系观、责任义务观、权力观、未来观、自我和集体观。可以看出这几种划分有重合之处，但价值观念是必要的因素之一，所以，要作为贯通性文化主题，首先必须能作为公开文化因素被教授，并且可以转换其成为若干的主题名称，为此，可借鉴摩根的五要素理论，即文化产品主题、文化实践主题、文化观念主题、文化社群主题和文化个体主题，无论在词汇还是在言语方面都可以列出此系列主题。沃氏把语义场理论在文化学方向上进行了发展和具体应用，它将语言内因素和语言外因素统一在场性分工的系统描写之中，即语言的内涵意义和外延意义统一于一个语言文化场。而一个语言文化场的结构是一个层次系统，由内核、中心结构和边缘结构构成。其中每个内核即可理解为一个贯通性文化主题或者是语言文化场，中心结构可理解为一个文化主题下的子文化子课题，以此类推，可列出一系列的文化子课题，这里的内容与摩根的五要素理论有异曲同工之妙。美国学者西利（Seelye）曾经提出过7项文化测试标准，摩根的五要素理论几乎涵盖了测试的内容和环节，所以，以五要素为贯通性文化主题的文化体验教学是可行的。语言形式的文化内涵，内容包括：语音与文化，如美国黑人英语与中产阶级为主流的白人所说的英语在语音和语法上有很大的差别；句法与文化，即句法是连词成句的方法和规则。不同的语言用不同的语法系统和规则来指导与评价该语言群体的语言使用。这些语法系统和规则一方面是为了适应语言使用而制定的、科学的、独立的理论框架，另一方面也受到该语言群体的思维和文化特点的影响，带有一定的文化成分。在本研究中，大学英语文化体验教学集结了丰富的文化信息，既是教学内容，又是教学手段，也是教学目的。这样，学生在教学圆周逐级展开的同时，通过文化体验，并且随着教学课次的增多和循环式的文化体验达到对于隐蔽文化的学习，了解我们中国文化和英语语言国家文化的不同。在不同的教学圆周中教师的角色也是不同的，教师从决定者、指导者、参与者到体验者，符合新型的师生关系——以学生为主体的教育理念，符合当代大学生的心理特点，并且有力地带动了学生的兴趣，促进了他们的学习动机，因为动机是最好的老师。同时，认知科学证明，赋予意义的学习，如单个单词若赋予其意义，就很难遗忘，达到理想的教学效果。这几个元素的互动显而易见可以将枯燥的词汇和语言学习转换成有意义的学习。

2007年《大学英语课程教学要求》中对各种语言技能的教学规定了要求，修订后的《大纲》还把写、说、译的能力提高了一个层次来加以要求。这就是说，现行的《大纲》提高了对语言能力的要求，并确定了各项指标，而相应的文化能力的提高迟早必须跟上。这些要求达到语言能力的指标是文化因素细目表定量尺度的一个重要参照系。另外，《大纲》词汇表和语法结构表从语言形式上规定了教学的内容和数量，功能意念表和语言技能表反映了教学中必须涵盖的交际项目和语言技能。其中，四张附表中规定的语言指标也是文化因素细目表定量的重要参照系。这里需要说明的是，该细目表项目的选择不应该与语言技能一一对应来进行，而应与整体语言能力相配套，为培养交际能力服务。

因此，要建立一个文化因素细目表须仰仗于文化因素恰当的表现形式，但是文化因素没有独立的物理形式或者标志，而是隐含在语言与非语言交际行为中的，而任何语言交际却都离不开词汇和言语，因此我们可以借鉴前文提到的束定芳、庄智象所提出的外语教学的内容——词汇和言语（语言），即文化因素可以词汇和言语为其物理形式，结合摩根所提出的文化五要素之说，以词汇和言语为形式，以文化产品、文化实践、文化社群、文化个体和文化观念为圆周主题，可以确定出每个单元词汇和言语的贯通性文化主题，并以相应的文化产品等贯通性文化主题为主题列出一系列子主题，然后以此为基础构成相应的词汇教学圆周、语言教学圆周、思维教学圆周，并弥散其中。

文化五要素中，文化观念大部分是隐性的，少部分是显性的，而文化产品、文化实践、文化社群、文化个体则都是显性的。当教师在教授一个主题时，以下几个方面就是文化体验的内容：

①针对文化产品，主要产品是什么？

②针对文化实践，必要的实践是什么？

③针对文化观念，主要观念是什么？

④针对文化社群，哪些社群正在做这些？

⑤针对文化个体，个体是如何对此反应的？

认知语言学的经验观认为，语言使用者描写一个事物时，一般是这样的：他不是仅仅对于事物进行客观的描述，他还会“添油加醋”，进行尽量丰富的描写，包括意义等，甚至使用隐喻。如，对于一辆车的描述，不但涉及形状、颜色、款式、大小、车轮、方向盘、刹车、窗户等，还会谈到它的舒适度以及速度等，甚至社会地位的象征，有人甚至会联想到一次车祸、一段情感或者一个特别的人。这样，一个特定贯通性文化主题的单词或者语句的学习会引起其他几个贯通性文化主题的互动。同时，在教学与学习中，其上位概念和下位概念的学习和成为有意义的学习。但是，学生拥有的旧知识可能是其上位概念，也可能是下位概念或者并列的，这种情况下，其上位概念或者下位概念等在教学与学习中就成为层级文化教学圆周的内容。因为认知语言学还发现，认知范畴的典型随着语境的变化而变化，并依赖于贮存在人们心中的认知模型，而认知模型又最终依赖文化模型。语言学家 D.A.Cruse 指出：“在认知发展中出现的范畴典型显然受熟悉程度和经历的影响；在南极长大的人对于鸟的典型的认识跟在亚马孙河流域或者在撒哈拉沙漠地区长大的人就不一样。”不同的文化环境长大的人对于范畴化层次的内容取决于文化背景，文化的学习隐含其中。同时，随着层级文化教学圆周的建立，学生要理解学习的材料，学习成为有意义的学习，其中学生的建构不无关键。奥苏伯尔将有意义的学习由低至高分为符号表征学习、概念学习、命题学习、概念与命题的运用以及解决和创造五种类型。他还认为，新知识与原有知识可以构成三种关系：第一，原有概念为上位的，新知识是下位的；第二，原有观念是下位的，新知识是上位的；第三，原有观念和新知识是并列的。新旧知识的三种关系就导致了三种知识的学习，即上位学习、下位学习和并列结合学习。可见，每个层级文化教学圆周的形成离不开这五个要素之中，这五个要素其上位概念或者下位概念的延伸、扩展与建构，都富有深深的文化烙印。围绕这些要素及其上位、下位概念的互动，以及学生运用英语进行陈述、评论等，大学英语文化体验教学和学习成为可行之举。

二、大学英语文化体验教学过程

（一）显性文化知识的体验过程

所谓显性知识，顾名思义，是指能够以一种系统的方法表达的、正式而规范的知识，是客观的、有形的知识，通常以语言、文字等结构化的形式存储的，并且表现为产品外观、文件、数据库、说明书、公式和计算机程序等形式。它具有如下一些特点：①显性知识是关于事实和原理的知识，反映了对客观事物的认识；②显性知识是通过逻辑工具（自认语言、机器语言）得到清楚表达、明确分类的知识；③显性知识具有层次以及不断更新。显性知识的这些特点使得它们可以被“轻易”地获取，如通过教师的传授、解释甚至是学生自身的阅读等，教授显性文化知识的教学方法策略是比较简单易行的。

在大学英语文化体验教学过程中，词汇文化教学圆周和语言文化教学圆周均以五个文化主题，即文化产品、文化实践、文化个体、文化社群以及文化观念的互动为环节，以体验为切入点，层层推进而进行的。首先，我们要讨论的是显性文化知识的体验过程。

第一，词汇和语言的表层意义作为系统的、有形的存在，学生的阅读、教师传授等均是一种被动体验过程，而且简单易行。

第二，在学习词汇和语句时，以词汇、语言为中心的各个文化主题的互动过程是一个联想、建构意义的过程，学生体验的是一种显性文化知识的扩展过程，即与之相对应的经验和文化知识的互相反应，从而得出一些自己的认识和看法，其中有可以表达的显性文化知识和一些“感觉”到的隐性文化知识。

第三，在故事复述或者角色扮演中，借助于现代技术所创设的真实故事情境为学生的视觉体验提供了强大的平台。学生看到的、联想到的就是显性文化知识体验过程。

第四，经过被动体验，实践体验以及心理体验，在第四级教学圆周时“文化自知”，学生可以讲述出的即是显性文化知识，其获得过程即成为显性文化体验过程。

美国心理学家斯腾伯格认为，“没有一种知识没有缄默的成分，没有一种缄默知识没有显性成分”。也就是说，不存在没有缄默知识的显性知识，也不存在没有显性知识的缄默知识。在显性文化知识体验中，教师传授的和学生“表述的”是显性文化知识，那一部分没有“表述的”以及教师未加传授而学生“感悟到的”，即是隐性文化知识。这一点在行动研究中做访谈时，学生多有提及。

（二）隐性文化知识的体验过程

缄默知识理论认为，缄默知识的获得与显性知识的获得模式是不相同的。而且，缄默知识是与个体无法分离的知识，很难与他人进行沟通和分享，只能是作为个人的经验、印象、习惯或者感悟的形式存在于个体，它难以用文字等说明表述。现代心理学认为，它的特殊性表现在它首先是程序性的，“只可意会，不可言传”，而且几乎无须他人的帮助，只能从自己的经验中获得，尤其是那些日后需要“缄默知识”的环境中的经验，所以，体验对于隐性文化知识来说，是最恰当的获取手段。

英国科学哲学家波兰尼认为，对于人们能够讲述的事物，人们通过观察来认识；如在显性文化知识体验过程中，阅读、传授，观看同学们的角色扮演以及故事复述等均可以理解为一种观察。但对于人们不能讲述的事物，人们通过内居来认识。波兰尼将内居分为三种，指示、象征和隐喻。指示的认知方式是关于所指与能指是否相符，象征是给予对象或者注意焦点以个人存在的意义，隐喻指注意焦点具有隐喻结构。在大学英语文化体验教学中，隐性文化知识的体验与主体（学生）自身的情感等不可分离，并且通过内居这种“通道”进行体验。

第一，以词汇以及语言为中心的五个文化主题的互动过程是一种意义建构的过程，其中主体（学生）的联想等过程含有隐性文化知识的体验过程。词汇具有不同含义，如反映意义、搭配意义、情感意义、社会意义和内涵意义具有非限定、可变化的特征，属于联想意义，而联想意义是人们在使用语言时联想到现实生活中的经验，表达人们在使用语言时感情上的反应，并且从广义上显示出特定语言集团的社会文化特征，这些与这个语言集团中的指示、象征以及隐喻方式有着千丝万缕的关系。

第二，在学生进行角色扮演时，扮演的主体学生在对话交流中，其实是在还原或者创设某种“缄默知识”产生的情境。在角色扮演过程中，学生可以观察学习人类行为、探究他们的情感、洞察其态度以及价值观等，从而培养他们解决问题的方法技巧，学会从不同的途径研究解决问题，而隐性文化知识就是指一个特定语言集团的价值观、情感，即文化观念，学生通过角色扮演来洞察他们的价值观等，即是隐性文化知识的体验过程。

（三）隐性文化知识与显性文化知识的互相转换过程

克拉克（Burton R.Clark）在其《探究之地》一书中曾经对于显性知识和缄默知识的关系做过一个精彩的比喻，如果显性知识是歌词，那么缄默知识就是音乐，两者结合才是完美无缺的歌曲。知识在线公司的首席执行官荣扬（Ron.Yang）做了如下比喻：“显性知识可以说是‘冰山一角’，而缄默知识则是隐藏在冰山底部的大部分。缄默知识是智力资本，是给大树提供营养的树根，显性知识只不过是树上的果实。”可以看出，显性知识与缄默知识是统一体，它们之间是可以相互转化的，在“最近发展区”时，在外力的帮助下可以互相转化。

日本的野中郁次等人对于个体水平的缄默知识和显性知识之间的相互转换模型进行了研究。他们认为，新知识的出现源于个体，怎样将个人的知识传授给他人则牵涉缄默知识与显性知识的转化。他们发现，缄默知识与显性知识的相互转化过程，包括知识的外显化、融合化、内溶化以及共感化，方式主要有对话、培训、个人情景体验等。

在大学英语文化体验教学中，显性文化知识和隐性文化知识也有其相互转化的过程：

第一，教师和学生在体验中所能“述说”的即是显性文化知识的体验，尤其是在先行组织者的提供阶段，学生首先是被动体验，当联想自己的印象、情感时，不但是主动体验，也是一种实践体验。

第二，在第二级教学圆周阶段——“知道怎么做”以及第三级教学圆周阶段——“知道为什么”，学生的“做”和“思考为什么”提供了显性文化知识和隐性文化知识的体验和转换的机会，即知识的“言语表达”和“内化”的外在表现。

第三，每一级教学圆周即是下一级教学圆周的“最近发展区”，为下一级圆周中的文化主题互动提供了“基础”。

第四，大学英语文化体验教学中，每一个教学圆周阶段都涉及显性文化知识和隐性文化知识的体验和转换，文化个体、文化社群、文化实践、文化产品以及文化观念是相互渗透的。

在斯腾伯格看来，“缄默知识”就是一种智力，而且是智力实践的中心，在大学英语文化体验教学中，隐性文化知识的体验学习是学生进行跨文化交流实践的中心。

三、大学英语文化体验教学原则

（一）文化情景真实性原则

这里的真实指真实的文化内容和真实的语言情境。体验性教学需要创设一定的教学情境，因为体验与一定的情景相关联，创设的教学情境越接近真实，大学生的体验就越多，且越深刻，因为知识的意义具有情境性，学生只有通过运用实践才能够加深理解的深度。在这种真实的情景中，学生与情景之间的互动以及学生之间的互动生成一定的意义，形成知识的建构，尤其是隐性文化知识的建构和生成。认知心理学认为，如果输入大脑的信息具有一定的趣味性、实用性或者与日常生活经验结合紧密，那么当它到达大脑这一中心加工器时，便会产生兴奋的情感，输出活跃的思想行为。不论是词汇的学习还是语言的学习，第一级教学圆周产生的被动心理体验，是联想作用的凸显。词汇以及语言所触及的学生过去的真实经验会使他们对词汇以及语言进行心理加工，产生一定的结果，从而会出现真实的文化内容。并且对于学生来说，有一定的趣味性，与他们的生活经验紧密相连。进行到第二级教学圆周，当进行情景创设或者角色扮演时，真实的语言环境会帮助学生进行语言意义的建构，他们产生兴奋的情感，输出活跃，从而进行意义体验，达到文化的学习。斯畦（Swain）认为学习者之间在合作对话活动中聚焦于语言的谈话能帮助掌握语言。学生围绕文化主题创设情景时所设计的对话对于他们掌握语言有十分重要的作用，网络的推广和使用成为真实性语境创造的良好工具。

创设真实性语境其本质是创设学生体验场景，它是大学英语文化体验教学的基础起始和准备，在大学英语文化体验教学中，情景不能游离于学生的学习之外，它是大学英语文化体验教学的支撑性要素，决定着大学生的体验程度、过程以及良好的教学和学习效果。

（二）学生中心原则

当今的网络盛行，尤其受到大学生的普遍热爱，当各种各样的知识充斥着网络时，学生接触各种各样的信息成为可能。在大学英语文化体验教学中，学生的地位得到了前所未有的强调，学生自主学习是一个必要的步骤。因为大学英语文化体验教学增加了大量的文化内容，但是课时并没有增加，而且学生没有相关的知识背景，教师只有通过授之以渔的方式，如布置任务要求学生课堂前后查阅大量的资料以及观看一些电影，以便在课堂上学生有进行主动体验的可能，并且在一定的时间范围之内，这样才能确保教学目标的最终实现。

同时，大学英语文化体验教学是一种学生为中心的教学。它包含两层含义：第一，体验是在课堂上进行的，大学生与老师共同进行的体验，但是以学生为主体的体验是首要的，他们自己在体验中进行感受和领悟，进行知识和意义的内在建构；第二，课堂上的学生来自五湖四海、全国各地，他们的主体体验各不相同，其心理感受和价值取向不同，那么体验中的意义建构也不同，但是教师的"脚手架"作用使得学生的体验虽然各异，却沿着大致相同的方向和角度进行发展和进行。

（三）合作学习原则

根据 Gardner（1993）的研究，每个人都有 8 种智能机制，即个人智能（内省智能、社交智能、音乐智能）、学习智能（逻辑智能、语言智能）、表达智能（身体语言智能、视觉空间智能）以及自然发展智能（自然主义智能）。每个人每个方面的智能可能有些许差别，老师可根据自己对于学生的观察，尽可能地挖掘学生的优势。学习的发生都是 8 种智能的协调、配合和优化，充分发挥这些学习机制有利于个别化学习，最重要的是能够使学习者承担起对自己学习负责的任务。建构主义理论强调学习者个人的参与程度是学习产生的首要条件，师生之间以及学生之间的合作学习有利于学生智能的充分优化，甚至对于教师也是如此，所以合作学习原则尤显必要。在大学英语文化体验教学中的任何阶段，体验须借助个体与外界的合作方能进行。

（四）渐进性原则

渐进性原则是大学英语文化体验教学顺畅进行的必要原则。大学英语教学处于外语环境，学生对于语言的得体性使用没有清晰的认识，即使是语言流利也不能保证它的得体性。因此，大学英语文化体验教学只能从老师提供先行组织者材料开始，首先是被动的心理体验，然后才是角色扮演等主动实践体验，并且教师的“脚手架”作用慢慢减弱，从而让学生对于语言材料获得渐渐熟悉的体验；并借此不断创造新的最近发展区。班奈特（J.M.Bennett）在建议培训者借用桑福德（Sanford）有关挑战和支持的思想时这样说到：“教育者应该根据学习者的发展水平确定什么样的学习环境能够为他们提供所需的支持，哪些方面构成挑战。如果给予他们支持太多，学习就不能发生，如果挑战太大，学习者就会退缩。所以教育者有必要了解学习者的需求，尽量平衡给予他们的挑战和支持，以最大限度地支持学习。”每一个教学活动都涉及教学内容与教学过程，当教学内容比较简单、学生易于接受时，教学活动的设计若不具有挑战性，学生的学习状态会处于停滞休息状态，此时教学活动的设计须具有一定的挑战性，即确定学生的最近发展区；当教学内容难度较高时，教学活动的设计也需要考虑到学生的挑战能力，即考虑确定学生的最近发展区，若教学过程是低挑战过程或者合适的挑战过程，学习者即能学到知识，若超越了学习者的最近发展区状态，学习者会出现“逃离”。在大学英语文化体验教学中，教师的“脚手架”作用即是教学内容和教学过程的协调配合，才能促使学习的发生。

（五）传授式与探索式相结合原则

传授说教式和体验式作为相对的概念是由 Gudykunst 和 Hammer 为跨文化培训提出的。说教式的方法是一种通过讲座、讨论等形式进行的知识传授方法，它主要能促进学习者的认知和理解，有利于学习者学习和掌握语言文化知识，分析和理解文化差异，这里说教式可以理解为提出先行组织者，以及进行第一级教学圆周时所提到的被动心理体验，因为这时老师的“脚手架”作用还比较强大，学生可以进行演讲或者讨论，学习者在很大程度上处于知识的获取和对概念进行分析理解的阶段，但是教师的监督和导向非常重要。当进行第二级教学圆周时，体验就成为首选，教师需要注重传授和探索相结合的原理，在贯彻学生中心原则时，让他们在认知、情感和行为各方面受到刺激，去感受、体验语言的内涵与外延，一方面弥补了说教式的不足，另一方面，让学生主体进行探索式学习。前文提过，文化涉及更多的是隐性文化知识方面，教师需要充分考虑学习者的认知发展水平和语言与文化学习的规律，逐渐让学生从具体、直观的、与学习者日常生活联系紧密的实用问题开始体验探索，然后过渡到间接、抽象的意识形态领域，这也是渐进性原则的体现，并且在其过程中能调动学习者的各种学习潜能和机制，多层次、多渠道地进行教学。大学英语文化体验教学是以习得语言的整体性为终极目的的，以往的文化教学强调文化是教学的内容，本研究中它不只是内容，也是方法和目的，坚持传授式和探索式相结合的原则是必要和必须的。

不论是最先提出的“文化导入”还是后来的“文化教学”，首先要注意文化内容的适合性以及教学方法的可接受性，必须强调学生学习的自主性以及体验性教学途径，这符合当今教育理论界所强调的学生自主学习转向。在本研究中，作者认为大学英语文化体验教学是一门以掌握语言整体样貌的教学，不但注重语言本身的学习，即语言的物理形式，也注重语言的意义学习，即语言的人文性，文化内容是学生学习的内容和目的，同时也是手段，通过学习文化来学习大学英语，通过体验途径来进行语言的意义建构，注重学习者的认知能力，对于一线的大学英语教学有一定的合理性和借鉴性。

四、大学英语文化体验教学方法

大学英语文化体验教学是以学生为中心、以贯通性文化主题为核心，让学生通过具体体验来“发现”语言使用原则并能够应用到实际交流中的大学英语的教学方式，从而提高大学英语教学效果。

体验的精髓在于，最好的学习效果是在经历了具体体验、观察思考、抽象概念、主动实践这一循环的过程之后达到的。其中，最为关键的一环就在于体验情境的设计。美国学者摩根提出了文化学习的模型，其所持的文化学习理论的前提是最好在目的语国家学习，而我国的大学英语学习是外语学习环境。外语环境下的体验学习需要教师做好“脚手架”角色，即首先告诉学生这是什么，即先行组织者的提供。奥苏伯尔认为，首先在学习新材料之前有一个引导性的材料，它在概括和包容方面稍高于将要学习的材料，而且语言通俗易懂，新旧知识以它为桥梁进行衔接。组织者可以分两类，一是陈述性组织者，其适用于学生的认知结构中缺乏上位概念时使用，以便学生获得一个同化新知识的认知框架；二是比较性组织者，其适用于学生拥有同化新知识的观念，但是使用不太熟练时，以便学生在学习新知识时，可以进行新旧知识的联系。大学英语的教学和学习是学生面对新的英语学习任务，同时也是中学阶段英语学习的继续，他们的英语水平和认识需要老师提出先行组织者，教师即成为先行组织者的提供者。这里，教师本身的专业素养成为决定其提出先行组织者是否优劣的关键。但是，无论是陈述性组织者或者是比较性组织者，其共同点只是一个引导性材料，教师首先切入课本内容即可，他们对于词汇与语句以及语言的解释就成为先行组织者的角色。

根据摩根的文化体验学习模式以及圆周制教学思路，提出大学英语文化体验教学方法是：在进行大学英语文化体验教学时，首先是先行组织者的提供，由教师调动学生文化具体体验学习的阶段开始。在词汇层面的教学中，文化体验从最基本的词汇意义开始。语言是人类形成思想和表达思想的工具，人的思想的形成借助于语言，同时人的思想又常用语言的形式进行表达。词汇是语言的基本单位，是文化传承的基本细胞，人类思维的过程或结果体现在语言的词汇和其他语言结构里。语言的词汇是最明显的承载文化信息、反映人类社会文化生活的工具。各种语言中除了一部分核心词汇外，许多词汇都有特定的文化信息，即所谓的“文化内涵词”。语言的学习者和研究者都知道，语言中最活跃或者说最富有变化的成分是词汇，词汇是语言的基本要素，是语言大系统赖以存在的支柱。词汇同社会文化的各项活动和社会的各种关系密切相关，真实地反映了人类的社会文化活动，传播着特殊的文化内涵。如因纽特人的语言中有很多与雪相关的词汇，因为他们所处的地理环境，又如，internet，information highway 等单词的出现体现了科技的发达和社会的进步等，因此，词汇字面意义，即辞典解释的含义，属于先行组织者。学生通过教师的讲解和查辞典获得词汇的基础含义，此层面属于心理体验层面，并且属于被动体验，学生被唤起想象自己在目的语文化环境下，去理解、认识主题内容，即词汇的含义，教师同时可利用图片展示等来促进学生的进一步心理体验。同时前文所提到的上位概念和下位概念也是其中的先行组织者材料，此阶段学生会有新鲜感或者是激动的感觉。随后教学圆周开始形成。当然，词汇形成语篇，即语言，在词汇圆周推进的同时会产生语言圆周的推行和思维圆周的推进，因为语言与思维不可分，但是为了阐述方便，此处作者将语言圆周教学以及思维圆周分别单独列出，并且阐释其中的过程。

当一个个不同的贯通性文化主题出现时，循环的教学圆周以此为模式反复出现，学生因此对于英语国家的文化趋于熟悉了解，形成一个慢慢接近其隐蔽文化层的教学过程；同时，也是学习英语语言的过程，是跨文化学习的过程。就如卡西尔所认为的，人是一种动物，属于动物界，但是人又拥有另外一种特质，拥有思想，不仅与外部世界有物质上的往来和感觉上的交往，也可以从思想上对于世界进行把握和理解，人拥有一种其他动物都没有的功能——符号，这个“符号”是思想性的、功能性的，正因为有了这个符号，人们才能对于世界做出自己的阐释，这些“阐释”形成了人类“文化”的庞大体系。人类通过这种与周围世界的反应习得了语言以及语言所表达的事实、观念等。

根据以上讨论，大学英语文化体验教学包括四个阶段：贯通性文化主题的确定；先行组织者的提出，教学圆周内容的制定；文化体验途径的创设，如故事、电影或角色扮演等；英语国家文化与自己国家文化的比较等。

同时，大学英语文化体验教学对学生也有一定的要求，在学习中，学生应是课堂活动的积极参与者、大胆的表演者、有效的语言使用者和教师指导下的自主学习者。目前，很多大学英语教材的每一个单元都是按主题安排教学内容，包括语言知识和相关的背景知识、阅读材料、听力题材都是围绕这个主题安排和设计的，因此，教师设计的各种教学活动在完成本单元的教学任务时，应首先让学生有足够的机会去体验、感知和思考所接触的新内容，然后在教师的指导下，学生把观察思考后的内容加以归纳，得出新的概念（可以是新的语法知识、语言知识或是背景知识），即“文化信息”，并运用到新的语境中或者是课堂活动中，这实际上就是摩根所提出的“文化实践”。此后是在了解文化信息基础上的课堂活动后的反思，即“文化观念”，最后才了解英语国家与我国文化的异同。在高层的认知、创新和个人发展中，常常需要文化体验教学中的几个教学圆周阶段互相推进。按照这一方式，以主题循环为途径教授完一个单元的内容之后，学生应该能达到对本单元的文化内容不仅能够感知，而且能在新的语境中达到运用自如的程度。因此，教学圆周可以分为三个：一个是以词汇为圆心，一个是以语言为圆心，另外一个则是弥散其中的以思维为圆心的圆周。

（一）词汇文化圆周

由李荫华主编的《大学英语》（全新版）在全国各大高校使用广泛，在这本书词汇表的设计里，四级词汇有标注，其中不乏有高中阶段接触过的词汇，老师可以以此为每个单元的重点讲解词汇或者根据文章内容确定哪些可以归于文化产品、文化实践、文化观念、文化社群和文化个体五个贯通性文化主题的词汇，并且找出这些词汇的上位概念和下位概念，形成一个个低级次的贯通性文化主题，它们的意义即是词典上的释义，属于表层意义，作为先行组织者而提出。此时，教师的讲解和描述是可行的方法，因为任何认知活动都要通过视觉的、听觉的或

者触摸的通道来实现，并且形成心理体验方式，学生把自己当客体，根据目的语文化的环境、立场、观点去观察、思考，从这种被动体验中去获得信息，起了“脚手架”的作用。随后，第一级教学圆周开始，其目标在于“知道是什么”。首先涉及该词汇在文中语境下的使用，即其在该文化中的实践或者外延。如，单词“Drive-Through Restaurants（汽车酒店）”，它在文中出现时，涉及“为什么，何时，谁出现在汽车酒店干什么”，围绕着属于文化产品主体的“汽车酒店”出现了文化个体（谁）、文化社群（哪里的人）、文化实践（怎么用餐）、文化产品（酒店工作人员的工作服等）以及文化观念（为什么去汽车酒店用餐），当然在文中它们有特定的情节。但是学生首先作为主体观察“汽车酒店”这个客体而进行被动体验。第二级教学圆周开始时，需要学生通过把自己暂时置于文中情景进行心理体验和实践体验。同时可根据自己的经历进行建构，联系自己的经历和故事。此阶段可采用小组讨论法进行。布鲁纳在谈到采用假设式的教学方法时说：“采用假设式的教学，教师与学生便处于更合作的状态……学生不是静坐在课椅上的听者，而是投入系统的阐释中，有时还可在期间担任主要角色。学生会意识到可选择的办法，甚至有可能对这种办法有似曾相识之感。当信息来到时，学生不仅能接受它们，而且能加以评价。”同时，也可采用角色扮演或者观看相关视频进行。教师可适当引导一下学生，让学生表达自己在前期过程中间的经历和体验，从而通过一定的课堂活动达到“知道怎么做”，当然教师提供的文化信息不可或缺。随后，第三级教学依次开始。即“知道为什么”。“人类思维是媒介了的”，这里，学生在做出评价时，它的思维要借助于文化产品等进行语言组织和表达，而且通过心理体验和实践体验，获得在目的语文化下“汽车酒店”的含义。教师和学生的共同研究和合作在这一阶段非常重要，引导学生体会词汇背后的价值观、思维和民族观等，从而培养了他们批判性思维的能力，达到对于隐蔽文化的学习。此阶段学生的讨论对话也是不可或缺的。建构主义认为，通过参与对话性构建的社会互动，个体能力之间的差距会缩短，是帮助个体认知获得发展的一个很有效的途径。学习也是一种认知活动，学习者应根据自己建构的目标，共同参与交际活动，这有助于语言能力的发展，为此提倡协作型学习方式。在第四级教学圆周，教师的“脚手架”作用渐渐减弱，学生对于目的语文化的了解引起学生对于母语文化和目的语文化的对比，习得了隐蔽文化，以便能在以后的生活中进行顺畅的跨文化交流，即“文化自知”。

美国学者 Richards 曾经提出了词汇学习的内容标准，他认为认识一个单词意味着：

①知道功能和语境的时间、社会和地理等因素对于词汇使用所产生的限定作用；②掌握该词语与其他词汇之间的联系的知识；③知道该词的语义价值（指示意义和隐含意义）；④知道与该词相关的许多不同意义。

通过词汇教学圆周的教学，学生的词汇达到以上标准。并且，在学习的过程中，通过圆周的推进，以文化内容为载体、建构意义为通道、文化内容为手段，获得文化体验，进而获得意义。

英国语言学家利奇在其著作《语义学》(*Semantics*) 中，将词义的研究置于整个社会文化背景下，并且突出了词义的交际功能，并且将语义划分为 7 种不同的类型：①理性意义（conceptual meaning）；②内涵意义（connotative meaning）；③社会意义（social meaning）；④情感意义（affective meaning）；⑤反映意义（reflected meaning）；⑥搭配意义（collocative meaning）；⑦主题意义（the mantic meaning）。

其中反映意义、搭配意义、情感意义、社会意义和内涵意义具有非限定、可变化的特征，因此他提出用联想意义来概括上述五种非理性的意义。而且联想意义是人们在使用语言时联想到现实生活中的经验，表达人们在使用语言时感情上的反应，并且从广义上显示出特定语言集团的社会文化特征，因此有的语言学家称为社会文化意义。利奇的联想意义理论为词汇体验教学提供了学生的具体体验方向和渠道，因为语言的联想意义能够直接或者间接地反映语言社团的文化观念，而词汇的联想意义，与奥苏泊尔的上位和下位概念相得益彰，成为文化体验中教师和学生进行体验的思路。

（二）语言文化圆周

大学英语教材文本是一个很好的语言教学与文化教学的媒介，而且该文本的体裁也比较丰富，教师首先要挖掘教材中的语言文化内容。一个民族的好的小说是该民族的文化精华部分，是历史文化的积累，也是这个民族文化的一个体现。如对一篇短篇小说的深读精挖，不只是对一种文化的理解，更是对于一个民族的心理、历史、习俗和思维方式等了解的有效途径。语言文学历史悠久，沉淀物多，每个民族文化心理中的优质因素和民族文化传统中的负面因素均可以在其中找到痕迹。文学是语言的艺术，文学作品可以为学习者提供丰富多彩、生动有趣的语言输入，而文学作品中集中反映了一个民族文化历史发展的轨迹，通过大量阅读文学作品，可以使学习者对目的语社团文化有一个比较深刻的认识。戏剧是大学英语教材内容中比较常见的一种形式，其表现形式更为直观，而且有的戏剧精神已经渗透到英语语言之中。戏剧语言是以交流互动为特点的对话，我们可以说交流互动是戏剧语言的本质特征。在教戏剧作品时，可以从角色的语言、舞台布置的说明等去领略其内涵；而最利于英语文化教学的，是戏剧中有供学生表演、交流和互动的功能性，选取戏剧作品的一幕作为学生表演的脚本，不但可以使他们展现自己的表演才能，更可以在表演中吸纳西方文化、思维方式以及背景知识等，从而扩大学生的知识面，在交流互动中学习语言与文化，正好符合文化体验情景，让学生有一种创造感、自豪感、成功感，这是一个人学习时的潜在动机。因此，语言文化教学圆周在语言层面的文本形式可确定为小说和戏剧作品，由教师进行解读，即提供先行组织者，然后如上所述，进行圆周式教学而层级推进。

①第一级教学圆周。我国属于外语学习环境，所以文本的重要性凸显。大学英语教材取材于真实的英语国家，借助于这些材料，学生可以参识一些文化信息，如文化产品、文化实践、文化个体、文化社群和文化观念，学生根据文中情节进行被动的心理体验，了解“知道是什么”。

②第二教学圆周从“知道怎么做”开始。此阶段，在课堂教学中，由学生根据课本内容进行复述故事情节或者进行角色扮演，进行互动和建构个人体验。此处，教师引导学生进行情景创设成为重要环节。学生在进行文化体验活动中时，通过接触文化实体可以改变学生的文化心理，从而达到对于英语语言文化的了解，并且起到有效联系语境的作用，即“知道是什么”。例如，That guy's got a Midas touch. 作为学生，他们首先要懂得 Midas touch 指什么。它源于希腊国王 Midas 的点金术，但似乎仍不足以完全领会这句话的意思，无法推断说话人的意图，上下社交语境就成了重要的线索。就像人类学家马林诺夫斯基（Malinoswski）经过多年的观察和研究得出的结论：理解了对方所说词的意思并不能确保对眼前所发生之事完全理解。人们必须明白说话者为何说这番话，他在某一特定语境中是如何说这番话的，是对谁说的。此处，说话人是在说别人很会做生意，无需花太多力气，赚钱就像点物成金那样轻松。这里的 Midas touch 就是典型的文化产品，它需要结合文化个体（句中 That guy），文化社群（社交群体）等进行推理。

现代的技术创新，如，多媒体教学设备成为一个良好的平台。建构主义强调

"Learn with it"（用技术学习），技术作为学习者的学习工具，学习的本质发生了变化，学习者不是从技术中或者老师那里学习到什么，而是技术支持了思维的发展。在学习过程中，技术促进了学习者的知识建构和思维发展。

多媒体作为信息搜寻工具为学生获取信息提供了便利，作为情境创设工具，使得视觉体验，模仿成为了可能，作为知识建构工具为学生反思自己的发现提供了参考，作为交流媒介使得教学互动，学生之间的协作成为可行。在词汇文化圆周教学和语言文化圆周教学中，大学英语文化体验情境的创设可以结合抛锚式教学模式设计。所谓抛锚式教学，是指在多样化的现实生活背景，或在利用技术虚拟的情境中，运用情境化教学技术促进学习者提高解决复杂问题和远迁移能力的一种教学模式。抛锚式教学的核心要素是"锚"，学习与教学活动都围绕"锚"来进行设计。"锚"是指在真实的情境中创设问题所依靠的故事情节。此处，我们可以以教材为真实的情境借助于现代技术对其进行虚拟，设计如下：

创设"锚"，即各个文化主题以及系列子主题；

利用多媒体，即录像、电影等故事手段创设一个"锚"会发生的虚拟情境，当然以英美原声为标准；

教师和学生围绕故事情节以及"锚"进行设计问题；

学生之间进行协作、互动和对话，可以联系教材和自己真实的经历和故事；

在教师和技术的帮助下，学生自己用英语对于"锚"的事实描述；

在教师和技术的帮助下，学生用英语对于"锚"发表自己的观点；

教师可以进行综合性评价。

情境认知理论认为，人类活动及其复杂，它包括了社会、物理和认知的因素。个体并不是根据自己内心对于世界符号表征行动的，而是根据自身与世界外部的互动来决定自己的活动。在这些活动中，隐藏在人的行动和情感中的缄默文化知识将在人与情境的互动中发挥作用，而且，实践者经常对情境进行反思。研究表明，人从出生直至死亡，无一例外地都有意或无意地观察、实践、接受他所处的社会的文化观念，包括信念、行为标准与价值取向等，即思维一直支配着人们的一些活动和行为，而思维受一定文化的限制和影响。反映在大学英语文化体验教学中，思维成为一个弥漫其中的过程。

这里，现代技术如录像、原声电影等作为虚拟情境的理论，一些语言学家已有讨论。"是眼睛看到所有的形象，是大脑诠释了它们的意义"，根据理论"隐喻的工作机制和效果是在理解过程中达成和体现出来的”。教师的“脚手架”工作即是引导学生对于看到的文化主题进行认知和理解，因为许多文化主题，如文化产品等蕴含着丰富的视觉隐喻等，是文化不可忽视的一部分，也是文化观念的一部分。教师可以充分利用多媒体制作突出文化主题思想的课件或者从互联网上选取与主题相关的视频、电影展现给学生，满足学生对视觉信息的需求，并且引导学生分析相关视频和电影中的视觉符号进行不同的诠释，进行联想、判断社会意义、分析其蕴涵的文化涵义，探讨其社会文化背景意义。比如美国国玺的主图案是一只展翅高飞面向右方的白头鹰，左爪抓着利剑，右爪握着橄榄枝，这其实是一个视觉隐喻，有其文化内涵。此时，教师可以把视觉符号引出的问题作为“锚”引导学生思考，如鹰、剑和橄榄枝各代表什么意思，为什么鹰面朝右而不是左等问题，学生会根据自己的经验、文化知识和语言能力，发表自己的见解和看法，再由老师进行归纳、补充引向纵深，揭示其深层含义。

分布式认知研究指出，人的认知是在人与外界环境组成的整个系统中进行的，并不是人们所认为的那样，只属于大脑的范围之内。而且，人往往必须通过借助他者才能完成认知，他者有物质和社会两个维度。物质指那些在认知过程中须利用人的心智的、物理的东西或者工具。社会指他人的知识或者认知资源。结合分布式认知的视角和建构主义理论来看，技术不仅仅是在向他人传递知识，而且可以帮助学习者建构知识意义。这些技术本身就属于分布式认知系统中的重要组成部分，是支持认知和学习活动的物理工具，为实现认知活动的社会性和物质性的延伸起到重要的作用。同时，它还能促进学习者与老师和同学以及其他社会成员和社会文化之间的互动，它所能提供的信息资源和认知工具支持、促进了学习者的认知能力以及认知活动。现代智能技术首先创造了可以让学生进行体验的物质维度，伴随着社会维度的认知建构了大学英语文化体验教学过程，学习者主体进行有意义的学习。技术成为学习者的智能伙伴，学习者不再只是接受者的角色，学习者成为发明者和创造者。它有益于学习者表达自己的认知，反思自己所学的内容和过程，支持意义制定的内部协商，建构个体自己的意义表征，使得学习者进行深入的思考。学生的体验、认知以及建构成为大学英语文化体验教学的核心。

（三）思维文化圆周

语言、文化和思维紧密结合才能有效地进行跨文化交流，而不同的语言结构、表达形式以及不同性质的文化反映了不同的思维方式。德国哲学家和语言学家洪堡特认为，一个人作为认识个体，必然会把他的主观意念带入客观的知觉和思维过程中。语言是处在人与自然之间的一个独特的世界，人在很大程度上必须通过语言的世界才能认识自然的世界，而由于语言的不同，各个民族认识到的自然世界也就有所不同。洪堡特强调："每一种语言都包含着一种独特的世界观。我们或许可以说，学会一种外语就意味着在业已形成的世界观的领域里赢得了一个新的立足点。在某种程度上，这确是事实，因为每一种语言都包含着属于某个人类群体的概念和想象方式的完整体系。掌握外语的成就之所以没有被清楚意识到，完全是因为人们或多或少总是把自己原有的世界观，甚至语言观带进了一种陌生的语言。"由此可见，语言教学不仅涉及文化交流的内容，而且不同的语言导致了不同的世界观和思维方式。在英语词汇和语言文化教学中，词汇和语言所携带的文化信息就是英语语言民族所独有的世界观和思维方式的显现，因为词语是"事物在心灵中造成的图象的反映……在发明词语的某个特定时刻对一个事物所做的理解"。因此，在英语词汇和语言文化教学中训练英语民族的思维方式应贯穿始终。也就是说，无论是学习英语语句、词汇和语法，还是通过英语语言进而了解其文化内容，都要采用英语民族的思维方式去理解它们，这样所掌握的英语才是一种具有英语语言文化和思想特性的语言，而非工具语言。学生通过这种循序渐进的文化体验式学习，鉴别出中式和西式思维方式的异同，达到对英语的有效学习，促进大学英语教学效果的提高。在每一级的教学圆周推进的同时，学生的思维是不会停歇的。学生在进行文化体验活动时，自己的反馈会立刻反映在操作层面，从而给教师提供了进行教学改进的切入点，使得教学得以顺畅有效地进行。同时，随着教学圆周的推进，教师"脚手架"的作用会慢慢减弱。

在大学英语文化体验教学中，词汇文化教学圆周与语言文化圆周互相交叠或者有层级之分，即词汇文化圆周与语言文化圆周互为基础，同时思维文化教学圆周贯穿其中，借助于现代技术所创设的虚拟情境成为教学重要的一部分。

那么，教师的作用在不同阶段有怎样的变化？首先教师是作为先行组织者的提供者出现，在一个词汇或者语言的教授前，教师负责提炼和概括该教学材料，编写得好的教科书，往往在章节前有一段概括性的提示引言，对于困难的内容采用某些类比模型来加以阐述，这些技术实际上起了组织者的作用。教师口头授课，是一种重要的教材呈现方式，适当运用组织者这一技术，提高了教科书的可理解度，有助于提高教师口授教材的可理解度，有助于学习、保持和迁移，大学英语教材的设计需要教师的口授作为先行组织者的提供手段和方法。在第一级教学圆周，在我国的外语课堂上，教师是协作员、资源拥有者和调查者的角色，教师需要告诉学生那些活动是什么，以便获取文化信息。在第二级教学圆周，当学生进行文化体验时，教师成为教练和榜样，学生需要教师告诉自己怎么做，需要做什么，以便学生来参与。在第三级教学圆周，教师是向导、合作研究者，学生需要阐释自己的感觉等，并且进行深入分析，得出为什么。在第四级教学圆周，教师成为听者、证人和共同学习者，学生通过自己对于体验进行反馈，深思自己母语文化与目的语文化之间的异同，从而对比自己以及目的语国家的文化，深刻了解彼此之间的不同，不但达到对于隐性文化的学习，也为顺畅的跨文化交流提供可能性。可以看出，教师在每一阶段承担不同的角色，这与当代教育特点相得益彰，即学生成为中心。

总之，在大学英语文化体验教学中，通过确定与贯通性文化主题相关的英语词汇和语言文化教学，通过语言与思维方式转换的体验，掌握公开的文化和隐蔽的文化，才能形成有效的大学英语文化教学。首先，由教师提供先行组织者，确定教学圆周的核心；然后，层层推进“文化信息”以及“文化实践”，属于公开的文化层；而“文化观念”，则是思想和思维方式的结果，属于隐蔽的文化层，其中教师的角色和作用不断变化，层层深入，最后达到文化自知，取得文化体验教学的效果。

大学英语文化体验教学是以体验为途径的，学生从语言到体验的反复循环，其结果习得了“一个硬币的两面”，从而提高大学英语教学的效果，文化是学习的材料、内容以及手段。

五、大学英语文化体验教学中教材和教师分析

（一）大学英语教材的“二次开发”

虽然在本研究中，一部分学生认为大学英语文化体验教学促进了他们学习英语的兴趣，改善了他们的英语学习效果，使得他们对于目的语文化有了一定的了解，但是一些限制使得大学英语文化体验教学没有一个可以积极实施的平台，现行教材需要教师自己对其进行研究和开发利用。

在谈及现代外语教材的功能时，美国学者哈钦森提出了以下几点：体现一种对语言本质和学习本质的认识，提供正确和适当的语言使用的范例。提供对学习

的刺激，帮助组织教学过程，有利于师资培训。由此可见，教材只是教学得以进行的基础，教师对于教材的“二次开发”才是这些功能得以体现的“金钥匙”。

教材的“二次开发”，主要指在教学过程中，教师和学生在教学大纲的基础之上对于教材内容进行适度的加工和合理开发，并且依托一些教材之外的材料，使得教材能更好地服务于教学、适应教学情景和学生的学习需求。教材的“二次开发”依托于教材，又超越教材，其特点是灵活地、多变地、个性化地运用教材，同时对于教材内容进行优化整合。教材的“二次开发”一方面体现了教师的诉求，即教师对于教材的期待和对于其内容的诊断和诠释，另一方面它使得教材更符合教育情景，为学生的学习奠定了基础，有利于学生将教材的内容和知识转化为自己知识结构的组成部分。在大学英语文化教学中，依托每一个单元的文化主题，并且以此为内容、方法和目的，要求教师对于手中的教材进行“拆分和重组”，教师须基于教材，又要超越教材。教师不只必须对于文化内容了如指掌，能够自如地解释和阐明，并且需要设计合理的途径展示相对应的文化主题，这对于教师理解教材的水平和“二次开发”都提出了相当高的要求。

李霄翔等在其《体验哲学与英语教材研发》一文中提出，“语言习得是一个人与环境相互作用和体验的过程……外语教材作为语言输入和提供语境的主要手段，应该在编写过程中充分利用语言习得的这一规律和特点，最大限度地加强学生学习语言的体验性和互动性……在体验哲学中，外界环境被放到了重要位置，因为通过对外界环境的体验和互动活动，语言学习者才能获得理想的语言能力。好的英语教材应致力于构建多重语境，使学习者足不出户就能体验到真实的情境，并在学习新知识的同时，增加了语言使用技巧和语言能力。”中国的实际情况决定了英语在中国只能作为一门外语来学习，所以教材研发者所建构语境是虚拟的，这样所建构的语境必须要做到适合于教师进行“第二次开发”和应用，尽量做到同现实情境的贴近，这就要求教材研发者善于捕捉现实生活中具有代表性的人或事，将其收入教材中来。但是受到教材一些规定的影响，纳入的人或事应该经过提炼，用精炼、优美的语言呈现给学生，使他们在学到语言的同时，还能观察到世间万象。同时，教材需考虑到英语语言的历时性和共时性，这样所构建的情境会涉及不同的时代和不同的区域，不但有利于了解英语词汇等含义的变迁，也可以提高英语学习者的兴趣，以满足学习者对不同英语国家文化的体验。当然，也须考虑到中西方的文化在整套教材中的比重，中西文化的互相交流才是跨文化交流的本质。

大学英语文化体验教学是作者的一个教学设计，它体现了语言教学的整体观，突出了语言学习的文化性和体验性，教材作为一个帮助组织教学的“硬件”，教师要善于根据其提炼出比较贴近真实的语境或者是选择出比较贴近其文化主题的电影素材，与学生一起进行“身体力行”，从而对于大学英语教材进行合理的“二次开发”。当然，教材随着时代的变迁也在进行改进，当今编写的教材的目的不仅仅是打基础，更重要的是培养学生综合应用能力，其理论体系不只是结构主义，还有建构主义，把听说读写整合为一体，把输入输出整合为一体；它体现以学生为中心的任务交际型模式，最重要的是，它不是满足应付四、六级考试，而是为他们的专业需求，为他们今后工作的交际作好准备，引导学生在学习学科知识的同时“习得语言”，为不同基础、不同专业、不同学习阶段学生服务的多种教材，尤其在当今的网络发达时代，依托了多媒体网络资源，成就为立体化教材。在这些教材设计理念中，语言教学是一个“整体”的教学，同时建构主义的教材编写理念为大学英语文化体验教学模式的实施提供了更好的基础平台，这不但对于教师的课堂实践提出了一个巨大的挑战，对于教师的专业发展也起到了推进渗透的作用。

（二）大学英语教师的专业化发展

在大学英语文化体验教学中，教师的作用不只是教授，更多的是引导。随着文化体验教学的层层推进，教师的“脚手架”作用或者主导作用在逐步减小，而学生的主动性越来越强。建构主义教学观的根本理念是强调学习者通过协作的方式学习更多的知识和能力，学习情境或者是教学情境的创设有助于学习者提出问题、探究问题以及解决问题，因此情境的创设以及教师的引导作用成为本研究中对于教师的期待。

吴一安在《优秀外语教师专业素质研究》一文中提出了优秀英语教师应该具备的特点，全方位描述了在教学活动中教师、学生以及教学活动的实践特点。总体说来，大学英语教师应该做到以下三点：有相当深厚的语言基本功；有一定的教育学以及心理学背景；大学英语教师必须是一个课程研究者。大学英语文化体验教学模式强调学生的互相协作、体验情境以及建构意义，在此过程中，教师与学生共同参与其中，教师一方面是帮促者，即为学习创设提供丰富的环境、经验和活动，为学习者的协作学习、问题解决、真实任务的学习、知识共享等整合各种机会，教师还需参与协商，必要时进行阐释、示范，根据学习者的要求提供支持，教师和学生共同进行实践，从而促进了教师的不断反思和完善。在教师的知识方面和教师的实践知识能力方面都有所提高，教师成为一个课程研究者。同时，多媒体的使用，运用信息技术的手段，开发课程教学目标，对于教材进行“二次开发”，在此过程中，教师成为一个课程开发者。大学英语文化体验教学为大学英语教师提供了一个教师以自身为资源的专业发展途径。

大学英语文化体验教学以文化为中心，以圆周制教学为方法，以体验为学习途径，以学生为主体，竭力为外语教学提供了一个新的教学范式。在本研究中，大学英语文化体验教学为学生提供了认识了解英语国家和地区文化的一把钥匙，并且注重了学生的主体性和主动性学习。同时，在大学英语文化体验教学中，母语文化和外语文化的学习并举，师生之间具有良好的互动，为大学英语文化体验教学的顺利进行“扫平”了心理上的焦虑和紧张，取得了良好的教学效果。同时，隐性文化与显性文化兼顾，解决了文化教学的难点，为日后学生进行成功的跨文化交流奠定了基础。

2004 年之前，我国高校的大学英语主要是基础课，其目的是帮助学生进一步夯实语言基本功。大学英语这门课只是作为大学教育的一个组成部分，而且这个时期的大学英语主要是把英语作为一门知识和一种素质来教学和培养的。但随着近几年来我国国际交流日益频繁，国际地位和影响力增大，社会对大学生的英语水平要求有了显著的变化。于是 2004 年的《大学英语课程教学要求》应运而生。

2004 年《大学英语课程教学要求》提出“大学英语的教学目标是培养学生的英语综合应用能力，特别是听、说能力，使他们在今后工作和社会交往中能用英语有效地进行口头和书面的信息交流”，其作为交流工具的特性凸显。随着时代的变迁，科技的发展，2007 年的《大学英语课程教学要求》进一步阐释了英语作为文化交流工具的特性。它提出，大学英语是以外语教学理论为指导，以英语语言知识与应用技能、跨文化交际和学习策略为主要内容，并集多种教学模式和教学手段为一体的教学体系。大学英语的教学目标是培养学生的英语综合应用能力，特别是听说能力，使他们在今后学习、工作和社会交往中能用英语有效地进行交际，同时增强其自主学习能力，提高综合文化素养，以适应我国社会发展和国际交流的需要。我国大学英语教学进入一个转型时期，因此提倡个性化的教学要求、方法和模式，大学英语教学中的文化因素要求凸显。

教育部在《关于开展大学英语教学改革试点工作的通知》（高教司 [2003]226 号）中明确指出，要充分利用现代教育技术，构建个性化的大学英语教学模式。大学英语文化体验教学有效结合了时代赋予这门课程的机遇，同时利用了时代所赋予的平台——技术成为知识的建构工具，并且结合了先进的教育教学理念，为学生日后的跨文化交流扫平了障碍。大学英语教学不再只有一种教学模式，学生不再只有一种学习动机或者学习方法，而是多维度、多层次、多途径的大学英语文化体验学习。

大学英语文化体验教学是以语言整体观为语言教学理念，以建构主义为教学理念，文化主题作为英语教学切入点，大量学者也做过大量的探讨。如胡文仲、吴进业还有一些国外学者均相继提出在跨文化交流中应该注意到的文化主题，尤其是一些隐性的世界观、价值观等。但是，苏联的语言国情学所提出的贯通性文化主题则另辟蹊径，不但提出贯通性主题，而且提出贯通性主题成为组织教学的材料和目的，从而解决了“怎么学”和“学什么”的问题，为交际教学法奠定了一个合理的平台，即“用语言学习语言”，此处可推广为“用贯通性主题学习贯通性主题”。从我国国情出发，因为大学英语教学所依托的教学内容形式多为词汇和言语（语言、句子），所以在本研究中，形成了以词汇和语言为物理形式的贯通性文化主题以及以其为核心的体验教学圆周。坎德林（Candlin）曾经指出，任务教学是把学习者的注意力引向意义、目的和协商过程，是鼓励学习者关注有关的内容，参与并表达他们的态度、情感，使用所学的语言。在大学英语文化体验教学模式中，通过一系列和主题相关的任务设计，让学生通过有意义的、真实的交际任务来学习、掌握和巩固课文中出现的词汇和结构。这样，课文中要掌握的词汇和句子结构不但在整个交际任务完成过程中成为学生思想表达的工具，并且转化为学生的大学英语学习成果。

体验哲学的基本原则可以归纳为以下三个方面：心智的体验性，认知的无意义性以及思维的隐喻性。个体的范畴、概念、推理和心智是由其身体经验所形成，并且提供了日常推理和思维的认知基础，大部分推理和思维也不能被意识到。当个体进行体验学习时，体验者自身有些是有意识的学习，有些是无意识的学习。在大学英语文化体验教学中，当学生对某一个贯通性文化主题进行一系列体验时，他们进行的是有意识和无意识的共同体验，而且是显性文化知识和隐性文化知识的双重体验，在其过程中，个体的思维和认知有些是不能被意识到的。但是，在教师的协助下，在情景创设中，学生自身的体验，如自己经历、经验的联想、对于不同文化的实体以及事件的思考逐步加强，显性文化知识与隐性文化知识互相转换，形成一个个循环的教学圆周，从而形成大学英语文化体验教学圆周，变成一个可以意识到的步骤，因此词汇文化教学圆周、语言文化教学圆周以及弥漫其中的思维文化教学圆周的提出为大学英语文化体验教学起到了架构的作用，同时也符合我国外语教学的国情，即教学从词汇开始延伸到句子和语篇课文，成为一个递进的教学活动。在这种递进的教学活动中，在学生的语言表达能力渐渐加强的前提下，文化能力随之见长。

曾经有人对于一些大城市的英语培训市场做过调查研究发现，应用英语是以后英语培训的大趋势，大多数被访者提到了一些企业对于员工的口语交流能力的注重。因此，这些现象不只是提醒英语培训市场须注重学习者的口语交流能力，更是社会对于高校大学英语教学的要求。在大学英语文化体验教学中，学生在课堂上的互动和交流为学生口语能力的提高奠定了基础，而且为其跨文化交际提供了“土壤”，学生的英语语言能力得到有效的提高。大学英语文化体验教学回应了当今社会对于大学生的期待，即对于大学生的口语以及跨文化交际能力的注重。在本研究中，“用语言学习语言”为师生双方提供了实现“语言环境”，而语境的创设为语言的学习提供了一个较贴近真实的情境，为日后的跨文化交流提供了基础。同时，对于隐性文化的体验学习，减轻了学生出现“语言不得体”的“潜在危险”，全方位解决了学生只是在学习“语言的外壳”的问题，注重了他们跨文化交际能力的培养。

（三）须形成英语教师与教材、学生之间的多维互动

大学英语课堂上的三个重要因素是大学英语教师、大学英语教材和大学生，是这三者之间的联系构成了教学活动，这一点众所周知。在大学英语课堂上，大学英语教师的作用不只是知识传授者，更是一个“英语语言示范者”。大家都知道，语言是一个民族的象征，一种文化符号，大学英语教师本身即是一个跨文化交流实践者。在大学英语文化体验课堂活动中，首先是教师和教材之间的互动。教师对于教材的“二次开发”即是教师与教材的一种互动，即教师对于教材的理解与阐释，对于教材内容的显性化以及情景化体现出了教师和教材之间的“显性

互动”，而教师处理这个过程的一些理念成为和教材的“隐性互动”，教师的课堂活动组织体现了教师的教学观，即与学生之间的互动。我们知道，当今的教学理念是“以学生为中心”的，尤其是建构主义教学观，他们认为，学生不是直接受益于教学材料中的知识，而是在与外部世界的互动中，联系自己的以往经验进行新旧知识之间的组合，从而进行知识建构。在本研究中，教学材料提供了学生进行体验的“原材料”，经过师生的共同“加工”，成为师生获取“经验”的情境，“加工”是“显性互动”，而获取“经验”则成为“隐性互动”，在这些互动过程的循环体验进行中，学生获得了对于世界的认识和知识，因此促成一个大学英语教师，教材以及大学生之间的多维互动模式。

大学英语教学绝对不是为了“语言”而“语言”的教学，它的本体要求就有文化教学和学习的因素。随着科技技术在教育领域的应用，大学英语文化体验教学成为可能。它兼顾了语言和文化两方面，同时非语言的文化信息也涵盖其中，不失为一次较理想的尝试。在本研究，作者在梳理过去文献的基础上，对于语言、文化、语言与文化的关系进行了论述，强调了语言与文化的不可分离性。同时回顾了文化教学的有关研究和理论，根据我国的大学英语教学现状，提出自己的设想，并进行行动研究，在其基础上形成大学英语文化体验教学。

大学英语文化体验教学是以圆周制教学为基本方式，体验为途径，抛锚式教学为教学设计步骤，以社会语言学、建构主义为理论基础，围绕五个文化主题，即文化产品、文化实践、文化个体、文化社群以及文化观念的互动的教学。在教学过程中，多媒体技术是大学英语文化体验教学顺利实施的一个基础，这也是当今教育界经常讨论的一个话题，我们应该是“用技术学习”，而不是“从技术学习”。本研究就遵循了“用技术学习”的原理，不但为学生创设了真实的文化体验情境，以便弥补书本教育的不足，而且使学生真正成为学习的主体，发挥了学生自己学习的主动性，尽量使得学习成为有意义的学习，让学生从中建构意义。

教师在大学英语文化体验教学中不再是一个“复读机”式的作用或者角色，教师不但是授课者，更是督导者、合作者、评判者，教师的“脚手架”作用从强到弱，帮助学生通过体验去感受、去思维、去建构而达到自己的学习目标。同时，大学英语文化体验教学要求教师对于教材必须进行有效的“二次开发”，为教师的在职专业发展提供了一个新的视角。

总之，文化教学在国内外虽然已经研究多年，但是至今并没有形成定势，尤其在我国大学英语教学中，并没有引起足够的重视。本研究是作者作为一个一线大学英语教师的研究和探索，密切结合了语言学、教育学以及教育心理学等学科的理论，当然研究尚有未完美之处，如尚未提出系统的大学英语文化教学提纲、教材的建设以及测试等，但望能起到抛砖引玉的作用，使我国的大学英语教学能达到事半功倍的效果。

第六章　大学英语课程与文化教学

第一节　文化教学概述

一、产生背景

放眼全球经济文化一体发展的今天，面对着全球新型全面人才需求的不断增长，只学习好语言明显不能满足发展交往中的需要。由于文化的差异所导致在交往中的误会、矛盾乃至造成的冲突日渐增多。造成这些问题的根本原因就是文化间的隔阂。每个国家都存在着不同的文化、历史、习俗和环境条件，这些不同领域的差异也都是可以通过语言清晰地表现出来，语言不可能独立地存在，而文化也不能没有语言来交流、生活、发展和延续。语言和文化是相互依存的共生体。

20 世纪 50 年代以来，国外教育界的有识之士就开始了语言学习与文化教学的探讨与研究。20 世纪 80 年代中期开始，全球掀起了文化研究的热潮，受到社会语言学、认知语言学、跨文化交际学等一批新兴交叉学科理论的引领，语言与文化、语言教学与文化教学的关系等问题日益成为人们关注的热点。对语言与文化问题引起高度重视使得这些问题的研究也得到了长足的进展。近 40 年，高校大学英语教学中的文化教学理念就得到了越来越多的重视。董雅芬教授曾经提出："任何一种民族语言作为载体，是国家的重要组成部分。在材料方面，段落，句子，甚至每一个字都包含民族的文化信息。"

语言与文化密不可分，因此语言教学必须与文化教学相结合。同时人们渐渐认清了这样一个真理：当今社会，外语教学还沿袭传统的只作为传授语言知识的教学远远不能满足时代发展需要。外语教学只有引入文化教学，将传统的语言教学与文化教学紧密结合起来，才能有效履行起培养具有跨文化交际能力、高素质外语人才的使命。

文化教学指的是，在语言教学中对文化背景知识的导入、对学生跨文化交际能力和文化意识的培养以及增强其对文化差异的敏感性和鉴赏能力。从大学英语文化教学的角度讲，“交际文化的重要性甚于知识文化”。

我国大学英语的教育目标宗旨就是培养学生的综合应用能力，其中，着重强调语言在实际交际中的功能，尤其把语言的社会文化性因素纳入对学生的语言基础和技能的培养内容之中。因此，在大学英语教学中强调学生要具有强烈的社会文化意识和跨文化交际能力，是具有深远的现实意义的。

自开展外语教学以来，在我国高校的大学英语教学中，普遍存在着重视语言基础的学习和语言技能的训练，而忽视英语语言国家的文化知识、风土人情的讲授与学习的现象。即便改革开放以来，外语教育界一再提出要加强和重视文化教学，但是，由于历史方面的原因，对外来文化的过分谨慎和不包容态度，同时，文化教学相关研究匮乏，这些都很大程度上影响了对文化教学的具体落实。众所周知，语言不是纯粹的文字符号，它是文化的一部分，又是文化的载体，因此学习一门语言，理应同时学习那门语言所承载的文化内容，否则，即使掌握了那门语言的词汇、语法等操作层面的东西，也难以与目的语国家的人进行深层次的交往和沟通。

由此得出，外语教学必须落实在文化教学的基础之上，以满足当今和未来世界的发展之需要。

二、文化教学的概念

（一）文化的概念

文化（culture）是一个非常宽泛的概念，简言之天地万物的信息产生融汇渗透。一般来讲，文化是一种社会现象，是人们长期创造形成的产物，同时又是一种历史现象，是社会历史的积淀物。我们讲文化就是指能够被传承的国家或民族的历史、地理、风土人情、传统习俗、生活方式、文学艺术、行为规范、思维方式、价值观念等，是人类之间进行交流的普遍认可的一种能够传承的意识形态。

（二）文化教学的概念

在我国，“文化教学”的正式提法最早见于20世纪90年代初语言与文化研究的相关文献中。我国外语教学中的文化教学主要有三种形式：第一种是开设专门的语言文化课程，如“英语跨文化交际学”；第二种是开设与所学语言关联性不大的国情课程，比如“英美概况”“英国文化”等；第三种就是在语言教学中，与语言本身紧密得不能分割的文化内容，进行移入式的“文化教学”。这三种形式就是我们通常所说的外语教学中的文化教学。它是在外语语言教学过程中为解决语言教学可能出现的文化障碍而进行的将语言教学与目的语的国情文化知识及语言所包含的文化背景知识融为一体的教学形式和方法。所以，文化教学的概念可以解释为：教师与学生之间的教学实践，并在此背景下所展开的前提、背景和氛围探究。文化教学是传递文字信息、理解语言知识、发展学生能力乃至生成新知识等方面的行动和变化。

语言衍生于文化，文化因语言而传承。语言与文化是相互依存的，是不可分割的整体。我们学习任何一门语言不仅要掌握语音、语法、词汇和习语，还要了解这门语言国家的人们如何待人接物，要深入了解他们社会的文化。这就要求授课教师在语言教学中，一定要有效地进行文化教学。文化可以表达语言深层次的内涵，Littlewood（2002）指出：教育的第一要义是传授已学或已有的知识，然后运用到已有的语言教学中；教育的第二要义就是训练学生的社会能力，使其可以充分地适应社会角色。教师在语言教学中不仅要教会学生掌握语言的形式，更要让学生能够熟练掌握使用语言的能力以及通过熟练使用语言进行社会交际活动。这些必须依托于文化教学。如果不去彻底地领悟目的语的文化，不可能真正意义上学好这门语言。

根据斯特恩（Stern，1992）的观点：文化教学必须包括其相关的全部领域，社会群体，历史，机构，美术，音乐，文学及其他方面的主要成就。在英语教学的大纲中应该把这些相关知识有机地加入到语言教学的课堂上。现有的教材虽然也包含了许多的文化信息，但教师与学习者通常都感觉不到其存在。其原因就是教材没有精细详尽地介绍文化内容，而是让文化内容散落于各个章节，这不利于学习者对于文化内容的掌握，相反，文化教学内容应该自成体系，文化指导目标应该更加详尽，从而更高效地提升教学效果。英国著名语言学家里昂（J.Lyons，1999）也指出：“只有当人们充分了解了文化或文化的作用时，才能全面了解关于语言的各种意义。”

三、文化教学的作用和意义

过去我国关于目的语文化教育的重视度不足，同时信息交流也不发达。所以在当时的客观因素影响下，人们就形成了文化定型。在文化学习的开始时期，学生们会对英语文化有些简略的认识，容易形成“法国人浪漫”“英国人保守”“美国人开放富有”和“日本人精明”的文化认知。我们发现有些文化认知是过于宽泛、片面、笼统的，甚至违背常理。产生这样问题的根源在于我们对其目的语文化的认识不足。可见对目的语文化的学习是多么重要。

文化教学就是通过学习目的语的过程，向学生传授目的语文化知识，学生可以通过所学语言获取目的语国家的风俗习惯、民族信仰、政治制度及生活方式等一系列知识，使他们的知识结构更趋完善。罗伯特·拉多（Robert Lado，1957）曾说：“如果我们不能够努力地去掌握文化背景知识，作为教师的我们就不可能教好语言。”文化教学的作用在于既能使学生掌握基础的语言知识，又能使学生全方位了解目的语的文化，从而获得跨文化交际的能力，使外语教学的目的得以实现。概括说来，文化教学主要起到以下三个方面的作用：第一，文化教学是语言教学的强化剂。文化教学不仅有利于强化学生的语言基本功，也有利于克服教学中的一些薄弱环节，通过文化教学，可以帮助学生理解掌握语言学习方面的内涵，进而有效地提高教学质量。第二，文化教学是外语学习和习得的催化剂。外语教学的实质可以称为“交际”或“文化适应”。外语教学的最终目的就是使学生了解目的语的基础上与目的语的群体进行恰当的、有效的沟通交际，也就是我们所说的获得跨文化交际的能力。当我们要学习一种语言的时候，我们必须要了解这种语言的文化背景以及相关的知识，如果我们忽视了语言教学和文化知识背景的相结合，我们在使用目的语的时候就会容易造成误区。外语教学，不但要使学生掌握外语语言知识，必须要进行相应的文化移入，特别是语用文化因素方面的移入，使学生懂得在对外交往中所需的各种文化背景知识，否则，学生即便有一定的语音语法与词汇知识，也无法真正学习和习得外语。第三，文化教学是外语教学的兴奋剂。学习动机的强弱是影响学习效果的一个重要因素，而产生学习动机的源泉在于兴趣。文化教学无论在内容还是方法上，都有与传统的教学模式有很大的差别，最显著的特点它不是限定在某个词汇上，不局限于对语言材料本身的解释。这就给教师提供了很好的教学掌控度，教师可以在搞好课堂教学的同时，积极引导学生们多读英文文献资料，多听英语影音资料，还可以通过组织多样的课外实践活动，来加深学生们对文化知识的实际运用，这些丰富多彩的活动能够有效地激发学生的学习兴趣。与此同时，教学内容和形式的多样性，教师掌控度加大，也会进一步激发教师的积极性和创造性。

语言是最重要的交流工具，语言离不开文化，文化也依赖于语言。文化教学是由于语言与文化密不可分的关系以及语言本身的特性所决定的。教师在教授语言的过程中，就已经把一些文化的内容涵盖其中。大学英语教学中的目的也要求必须包括文化教学。大学英语教学的目标不仅是培养学生的英语语言能力，更是综合运用能力。随着世界间交流更为密切，全球一体化的进程推进，我们学习目的语不单单是跟人对话，而是参与国际事物中，进行跨国以及跨文化的交流。

文化教学的意义就是使学生在大学英语学习的过程中更加科学地了解目的语文化，从而更清晰、更客观地比较出本民族文化和外国文化的相同点与不同点，使学生通过学习来丰富自己的人生观、价值观、世界观，并增强学生文化多样性的感知能力。这样，文化多样性才能够得到受教育者的理解和尊重。同时，通过文化教学，可以进一步提升学生跨文化的沟通交流能力。

四、文化教学的理论基础

（一）人本主义

人本主义心理学源于 20 世纪中期。人本主义理论认为：人性本善，只要后天环境得当，就会自然地成长。同时，每个人都有自身的需求和愿望，有自己的才能和积累的经验，有自己的喜怒哀乐。人本主义的教育意义在于帮助学生们学习他喜欢并且认为有意义的知识。教育工作者要根据学生的主观需求来决定应教授他们关于什么样的知识。美国著名的心理学家马斯洛，他的理论对人本主义学习理论产生了深远的影响。马斯洛认为：自我实现者是从自我的需求出发，在特定的文化或者高于这种文化中，来进行主观评价。马斯洛需求层次论的自我实现需求强调了与他人、社会或文化的关系。

人本主义特征对我们现在进行大学英语文化教学具有一定的启发作用。从大学生的发展角度来讲，他们已经开始对事业、生活、外部世界和自我进行了比较清晰的认知和思考，是人生观、世界观、价值观形成的重要阶段，有了追求自我价值实现的强烈愿望和冲动。但是，处于青春期的大学生，在意志情感上没有完全定型，容易受到社会、家庭等不良因素影响，极个别还出现心理障碍和犯罪。因而大学通过学校教育特别是文化教学内容，培养健全学生的人格愈发显得重要和迫切。目前推行的素质教育，某种程度上讲就是培养具备自我实现人格的人才。

另一位著名人本主义心理学家罗杰斯认为，可以把学习分为两类，分别是无意义音节的学习和意义学习，即指那些仅仅涉及事实积累的学习，是指行为、态度、个性以及在未来选择行动方针时发生重大变化的学习。罗杰斯认为，以意义学习这种方式学习，就可以形成健全人格的人。意义学习包括四个因素：第一，学习具有个人参与的性质；第二，学习是自我发起的；第三，学习是具有渗透性的；第四，学习是实现学生的自我评价。

罗杰斯的意义学习对大学英语文化教学的启示在于：有效的学习源自于学生的主动性和自发性。为了使学生更主动自发地投入学习，教师在语言教学中必须引入文化教学。英语教学中的文化教学还有着独特的优势，即英语文化教学的材料能满足学生感知外部世界的好奇心，学生自然乐于学习。通过深入的学习，也为学生提供了认识周围世界的看法，提高他们跨文化的能力。

（二）建构主义

20 世纪 90 年代，西方便开始盛行建构主义学习理论。该理论的最主要代表人物包括：皮亚杰（J.Piaget）、斯滕伯格（R.J.Sternberg）、科恩伯格（O.Kernberg）、卡茨（D.Katz）、维果斯基（Vogotsgy）。

皮亚杰是认知发展领域的著名学者，也是一位心理学家。他创立了日内瓦学派。皮亚杰关于建构主义的基本观点为：认识既不是因为主体而存在，也不是因为客体而依存，而是主体与客体相互作用而形成的。皮亚杰的活动内化论观点是：无论是幼儿还是成人，他们都是在与周围环境接触的过程中，对于外部世界的认知逐渐形成了自己的观点，从而使自己对世界的认知水平得到进一步提高。人们处于一种平衡的认知状态；当平衡被打破时，就说明现有的图式模型不能和新的信息进行同化。在他看来，知识不是介于主观事物与客观事物之间，而是存在于环境与个体自我建构的过程中的。他还强调人们学习就是不断进行建构的过程，并在“平衡——不平衡——新的平衡”的循环往复、周而复始中得到进一步提高与发展。在皮亚杰提出“认知结构学说”的基础上，科恩伯格对认知结构的性质与发展等方面又作了进一步的研究探讨；卡茨和斯腾伯格学者对认知过程中如何发挥个体的主观积极性也作了认真深入的探讨；默拉里（Murrary）强调在一定的社会环境中，我们应该对新信息加以整理加工和处理；维果斯基强调的是社会建构认知过程中社会文化历史背景对学习者的作用。个体的学习是在一定的历史、社会文化背景下进行的。维果斯基把个体发展分为目前发展水平和潜在的发展水平。他还提倡关于对儿童的协助，也就是有关于“脚手架”理论相关的作用。同时指出协助对于儿童发展的重要意义，他还从历史的观点说明社会历史对于学习者的重要影响。

上述的研究都促使建构主义理论得到进一步的发展，为教师们在今后教学过程中应用构建理论创造出积极条件。建构主义理论的涵盖内容很宽泛，但核心一点就是：不是像传统的填鸭式教学为主导，而是要以学生为中心。另外，建构主义还特别强调学生们要充分发挥主观能动性，主动去对知识进行学习探索、研究，并对所学知识主动建构。若以教师为中心，强调的就是“教”，若以学生为中心，强调的就是“学”，这是两种教育思想和理念存在着的最根本的分歧点。同时，建构主义认为学习者最好能够在学习的过程中，处在真实的环境中去感受、认知和体悟。这样学习者就会在学习的氛围和过程中感受到创设情境的意义。由于建构主义所需求的外部学习环境，当代最新信息技术能够给予比较全面支持，同时我们结合皮亚杰和维果斯基的相关理论，就能保证建构主义的相关理论应用在广大教师教学实践之中。另外，该理论也要求教师在进行文化教学的过程中，一定要对自己关于文化现象的判断进行梳理，建构出自己的文化知识体系，从而也就提出“意义建构”理论的实际应用。

建构主义认为，学习是在一定的社会文化环境中，学习者主动对新信息加工处理；建构主义还认为，教授者只是外部的辅助者、支持者和合作者，是为学习者提供他们可能所需要的帮助，重要的是学习者自己建构知识的过程。文化教学通过对单词分析讲解渗透出文化的知识点，从而帮助学生理解语言的内涵，使学生透过某个语言现象后面的文化典故，了解到目的语的文化知识，学生经过自己的思考和理解，加深了对语言词汇的学习。因而文化教学对学生而言，就不再是知识的简单传递，而是在学习的过程中得到思维方式和文化洞察力的训练和提高，这就是学生的主动构建。

（三）文化输入与输出理论

在外语教学领域，美国语言学家克拉申（Krashen）的语言输入假说是把语言学理论和语言教学相结合，这样的假说对外语学界产生了深刻而久远的影响。克拉申认为，只有当学习者接触到所能理解的语言信息，才能产生体会、心得。美国语言学者斯旺（Swain）提出输出假说，指出了语言输出能强化学习者对语言输入的理解和巩固。语言输出与语言输入的相互作用，可以提高学习效果。

语言和文化是密不可分的，语言反映文化，文化是语言的根基。在语言教学中，学习者在为了更好地学习应用新语言的过程中，需要获得多样化、比较真实的语言材料或现实情景的学习环境。将文化因素引入文化教学，使语言学习者熟悉英语文化，使学习者对目的语文化产生认同感和亲和力，从而影响学生对语言学习的兴趣，提高学习效果。因此，文化输入能很好地帮助学生学习语言。文化输出方面，即参与跨文化交际能力培养和实践，我们看到学生口语交际能力和写作能力比较薄弱，这就要求我们在文化输入的同时，要加强文化输出方面的意识培养，通过教学，在学生学习过程中，通过文化吸收和文化对比，积极参与跨文化社会活动，进而实现文化输出。所以，我们在语言教学中，应该对学生进行文化层面上的输入和输出，即学生对该目的语有了基本理解的基础上对其再输入相关的文化内容，同时对输入文化与本土化进行比对，分析不同的文化内涵。文化输入与文化输出要贯彻在整个学习的全过程。

第二节　大学英语课程中文化教学现状调查

自 2004 年教育部颁布实施《大学英语课程教学要求》以来，国内很多高校逐渐构建了以通用英语（English for General Purposes，简称 EGP）、特殊目的英语（English for Specific Purposes，简称 ESP）和通识教育英语（English for General Education，简称 EGE）为主要内容的课程体系，从文献和我们实际了解的情况看，绝大多数在通识教育英语板块中开设的主要课程有英语国家概况、跨文化交际、英语电影赏析、英美文学等课程，这些课程也是本章所说的文化教学的主要内容，刚好为本章提供了现实条件。

一、研究发现

（一）文化类课程的重要性及课程设计访谈分析

对课程性质的定位会影响学校、教师和学生对课程的重视程度，直接影响到课程的实施质量和评估方式，以及对评估结果的解释和使用，因此，笔者在访谈中设计了相关内容，访谈结果归纳如下：

外语教学中的文化教学已经有很久的历史，文化一直是语言教学中的一部分。几乎所有被访谈的老师都讲到文化教学的重要性。他们都已经认识到文化知识的学习及文化教学在英语学习中的地位，认识到文化知识对学生跨文化交际能力的提高起着至关重要的帮助作用，这一点已不容怀疑。

但受访教师谈到这样的问题："教学大纲虽然将文化教学提高到与语言教学

同等的地位，可没有具体的标准、方法来考量文化教学，名义是重视，但实际执行中，教师和学生自然产生轻视文化教学的倾向。”老师还谈到：“在课程体系中英语文化教学设置的课程比语言教学课程少，怎么能让我们大家理解为文化教学与语言教学同等重要呢？”具体谈到课程设置方面，“把很多文化教学诸如英美国家概况、英美文学、希腊神话等课程都设置为选修课，这种做法必然影响到学生学习的主动性。”我们了解到，选修课学时安排均较必修课学时少，选修课一般为32学时，必修课为68学时，并没有把文化教学与语言教学放在同等重要的位置去做课程设计。

总体来说，教师们对文化教学重要性已形成了一致看法，应该把文化教学和语言教学放到同等的地位安排、考量，教师们也愿意采用各种手段和材料进行文化教学，这具有非常积极的意义。但是我们教学大纲主要还是按照传统的教学理念围绕语言教学来制定的。在没有可操作性的大纲的指导下，教师们往往是根据自身的经验和对文化的理解在课堂上对学生进行教授。文化教学到目前为止，没有具体考量标准，在应试教育占主导地位的当下，文化教学的重要没有落实到实处也是一个非常现实的社会问题。基于上述原因，文化教学还是处于语言教学的从属地位，这极大地阻碍了跨文化交际能力人才的培养。

（二）学生对文化课程的认识分析

学生选课的目的直接反映了他们的学习动机，而动机的有无、动机的强弱、动机的持续性等因素都会影响学生学习的策略选择、时间投入，进而影响学生的学习成就，所以，访谈内容包含了相关内容。

访谈的学生有学习优异、中等和基础比较薄弱的三个层次。有学习成绩优异的学生谈到：“世界经济一体化了，想成为跨文化人才必须对目的语国家做深入了解。”有的学生谈到：“我的目的很明确，学习文化就是为今后出国深造做准备。”有的学生说到：“学习文化知识可以激发学习兴趣。以前我只是喜欢听英文歌曲，通过学习文化内容，我不仅对英语歌曲感兴趣，而且反复学唱，对歌词里是否有俚语进行探讨，并比较中英文化差异。”还有学生谈到：“学习文化知识，可以帮助理解阅读课文，对选择判断题非常有用。”中等程度的学生主要是为了考试能出成绩，获得学分而选修文化课程，缺乏主观正确的判断和思考。而基础原本就薄弱，听、说、读、写能力较差的学生就更无暇注重文化课的学习，因而有的学生就说：“文化内容学习重不重要，关键看对考试有没有帮助，对考试有帮助就重要，没帮助就不重要。”特别是把文化类课程放在选修课程里的时候，很多学生就只是应付获得学分了。

通过访谈，我们发现：学习优异的学生选择文化类课程目的性比较明确，是对所学目的语国家要做深入了解，激发自己学习兴趣，把学习变成自觉的行动，也为今后成为跨文化人才做准备。访谈中我们可以看出，大部分学生对于文化的学习很被动，相当一部分学生学习英语文化课程是为了应付考试和通过大学英语四六级。目前，文化内容基本不作为考试内容，势必造成学生学习英语的功利性。如何引导学生以积极心态去学习外国文化课程，是教育工作者面临的一个重要任务。

（三）教学教材和教学资源的建设情况分析

在课程设计中，教学目标是要借助于课程开发和课程实施两个重要环节来实现，课程开发主要包括教学材料的研发、教学资源的开发与建设、教学模式的选择、教学方法的确定等，可见，教学材料和教学资源的建设是连接教学目标和教学实施的中间环节，没有与教学目标相匹配的教学材料和教学资源就无法优质高效地实现教学目标，在实施过程中就会困难重重、举步维艰。因此，有必要对文化教学使用的材料做较为全面的了解。

受访教师都认为学语言的目的就是为了进行交际，而它交际的对象恰恰是所学目的语国家的人。因此，文化教学成绩考量要看学生的综合素质，把学生的跨文化交际能力列为考核项目。

受访教师谈到：“现在没有可供操作的评价体系，没有对文化教学衡量的具体方法，应该进行系统改革。”由于目前没有具体的考核评价方式，老师对考试内容确定很不统一，较难确定。访谈中，老师普遍提到要有规范教材的问题。没有规范的教材，就难于进行考核文化教学的成绩。有的老师建议考试采用含有文化背景的“长段的翻译”，而有的老师则说：“我们在课程设计上就没有这个方面的考虑，超出学生应该掌握的必修课程内容。”访谈教师比较一致的看法是：文化教学成果成为考核项目应该是一种必然趋势。但是在实施上很困难，比如在教材方面，作为必考内容，操作起来较难，现在需要一个很系统的改革。还有教师认为，文化类的教材内容缺少深度、缺乏系统性，很多教材有信息堆砌的嫌疑，提出课堂上“应该有成体系的教材”。还有部分教师认为，现在文化类的教材普遍重视信息传递，缺少对思维能力的训练。

跨人才培养是全球经济一体化，人类共同拥有一个地球村的需要，是个人、单位乃至国家前途甚至于世界和平稳定的需要。所以必须要加强文化教学的开展，而我国面临的主要问题是教学材料和教学资源严重不足，深入开展文化教学必须解决考量体系建设和教材编撰工作，这是外语文化教学的重中之重。

（四）教师对文化课程的认识分析

教师是课程的实施者，教师对课程的认识以及教师自身的修养和教学技能等因素都会对教学产生直接影响，因此，有必要了解教师对文化教学所持有的教学观念和教学态度。

受访的教师普遍认识到：外语教学只传授语言知识是远远不够的，必须引入文化教学。如果不把传统的语言教学与文化教学结合起来，将难以有效担负起培养具有跨文化交际能力高素质的外语人才的使命。

受访教师普遍反映:“好学生对文化教学还是比较感兴趣的，乐于学习，也主动学习。但是，时下应试教育仍占教学主导地位，很多学生为了考四六级证，功利心重。另外，学习压力也使得他们丧失学习的兴趣与主动性，家长们也是这个期望，所以我们不敢怠慢”。至于知识的积累、文化素质的提高、能力的增长都退避三舍。老师还谈到:“还是大环境问题。这个问题不解决，容易造成高分低能现象。学生对于文化方面不了解、不重视，不可能成为跨文化人才。在国际事务交往中缺乏文化底蕴，问题很快就暴露出来了。”教师们还谈到:“应试教育的压力使得学生丧失了学习的兴趣与主动性”，“对于文化方面不了解、不重视”，“缺乏文化底蕴”。

从对老师的访谈来看,大家对文化教学都有比较明确的认识。但现实情况看，应试教育现状不改变，必然会使教师在实践中还是回到原来教学的轨迹。重语言教学、轻文化教学结果就是生产出好多高分低能的“产品”。这是应试教育不可避免产生的问题，社会各界对此都感到问题已经十分严重，但教师对在社会大环境形成的氛围一筹莫展。

（五）教师文化类课程的专业知识储备和教学技能分析

教师受访者均谈到其与母语为英语的人之间交流太少。城市地缘关系，很少有接触外国人的机会，接触基本仅限于学校的外教，接触的频率也很低。受访的 6 人中有 5 人曾被学校派往美国和英国短期培训，大概一个月时间。除此之外，几乎再没有与母语为英语的人进行深入交流的机会。

教师国外学习期间都是封闭于校园，所学知识靠老师传授，对目的语国家的了解和体验根本谈不上。因而教师们进行的所谓的文化教学也只能是浅层次的。有的教师就讲："我学了这么多年的英语，但是对文化了解得并不多。咱们了解的（文化）我觉得很肤浅。"有的教师也谈到："对于一个国家的了解必须深入到这个国家的日常生活当中，才能了解很多文化的深层次东西。我觉得教外语的老师要去她所教授的那种语言的国家生活至少半年以上。"教师都谈到对文化教学开展得很不够，目前还停留在主要配合"声音、图片"方式进行传授，使学生"增加对文章的理解，对一个主题的理解"而已。另外，迫于完成教学任务的压力和大学英语四六级考试的冲击，外语教学主要还侧重于语言能力，比如语法、阅读、听力等的训练上，文化教学还只局限在可有可无的"文化背景"和词汇的文化含义解析上，文化教授内容没有完善教材，缺乏大纲的指导，大多教师是自己根据课程内容，选择文化背景介绍和课文涉及的相关内容，随意性很强，没有体系可循。加之课时不够、时间紧、难以完成教学任务等因素使文化教学受到很大限制。

更有教师谈到："文化教学水平其实是老师自身的文化素养的反映。因为老师达到什么样的能力对学生就讲述什么。"从而造成教出的学生经常用中国人的思维来衡量外国人的言行。学生一旦有与外国人接触机会，则习惯用中国的方式。比如千篇一律问同样的问题："你喜欢中国吗？""你喜欢中国菜吗？"就再找不到别的话题。

教师缺少文化教学这方面的专门培训、自身文化知识储备不多，文化体验与文化培训不足。然而文化教学不同于语言教学的最根本之处，在于文化的内容宽泛，乃至到它是无形的，需要我们用"润物细无声"的方式来处理。这就对教师自身的素质提出了更高要求。

二、存在的问题与对策

在当今环境下，我们大学英语教育的目标旨在培养学生在学会不同于母语语言的同时，开拓视野，学会从不同角度立体地去认识和感知社会现象和事物，成为跨文化交际能力的复合型人才。从以上访谈和从我国大学英语文化教学的目前实际状况看，仍然存在一些亟待解决的问题。

（一）存在的问题

1. 文化教学还处于附属地位

在实际教学中，文化教学实际上没有上升到与语言教学平等重要的位置。同时，没有建立文化教学的考量体系，虽然大学英语的教学涵盖了听说读写各个方面，但是，对于学生的整体文化素养没有具体的要求应当达到什么样的水平。因此，缺乏具体要求的文化教学因为没有具体考评体系和指标，就失去了最强有力的体系支撑。

2. 体制造成对文化教学的忽视

我国现状是应试教育占教学主导地位，还是为满足社会上的功利性要求，教师和学生把期末成绩是否过关、能否通过四六级考试放在教和学的主导地位。文化知识不是考试内容，与应试教育关联不大，这样的结果自然对文化教学谈不上重视。

3. 教材远远不能满足时代的需要

教材不系统，现有的有些教材内容比较片面，引用的一些素材带有偏见或已经过时，不能代表当今的主流文化；有的比较注重知识文化而轻交际文化，导致学生在学习过程中仅仅对某个或某几个国家的文化有所了解，而对西方文化这一多元世界性文化则了解不足；再就是将文化与交际分割开来，即便学生拥有了很多文化知识却无法将其运用于实际交际中，或者因为思维方式、宗教道德、社会规范等了解不足，造成交际误解或引起纷争。

4. 教师队伍的整体素质需要提高

缺乏对教师队伍进行专门的文化教学培训。有些教师自身对目的语文化理解得不透、了解得不深。在传统语言教学模式与方法的影响下，有些即便是担任文化教学任务的教师仍然只注重语言知识的传授与技能的培养，把语言教学与文化教学被无形地割裂开，势必影响学生语言文化交际能力的形成与提高。

（二）教学的对策

1. 要把文化教学放在课程设计中重要位置

文化教学的必要性大家基本达成了共识，但具体操作上还要进行量化。《中学和大学的外语教学大纲》明确提到:“文化是交流的基础，为了提高学生们的实际交流能力，教师必须要引导学生们很好地去理解目的语文化。”为了达到外语教学大纲所提出的目标，只有把文化教学落实到具体课程的设计里才会达到实际的效果。所以，我们在课程开发、设计上就要保证把文化教学与语言教学放在同等重要的位置上去做安排。同时，我们要建立起对学生整体文化素养和能力考评体系，该评价体系的测评结果要能具体反映出文化教学效果。因此，我们谈论解决文化教学问题的归结点就是尽快形成一套完整、系统的文化教学大纲，奠定文化教学与语言教学平等的地位，并具有可操作性。

2. 要坚持应试教育向素质教育转变

目前，我国也在强调素质教育，但实际上，应试教育仍占教学主导地位，教师和学生把期末成绩是否过关、能否通过四六级考试放在教和学的主导地位。社会上，机关事业单位乃至企业招聘人员还是看证书、看文凭的时代。为满足社会上的功利性要求，教师们虽然嘴上谈素质，但是在实际操作上就把文化教学抛开，以满足应试教育的需求。随着世界经济一体化的进程，我国改革开放更加迫切需要高素质、跨文化的人才。时代要求我们素质教育不能停留在口头上，而是要落实到实际行动中。这方面问题的解决需要教育体系和社会层面的积极构建，需要全社会各方的努力和支持。

3. 要注重教材研发，使之更好服务于教学目标

教材是知识的载体和教师教学的主要手段之一，在教学中占有举足轻重的地位。文化教学因为涵盖的信息多，内容庞杂，而且教材还要紧跟形势的发展要求和中国对外交往的大环境进行选材。选择教材要以开放开明的心态，不可片面。文化是由社会上相互关联的各个层面和不同要素构成的，价值观和生活习俗，社会制度与个人行为，都有着内在联系，若片面取材就会忽略了文化的系统性。我们可以选择一些直接介绍目的语文化的知识性阅读材料，也要适量选择具有一定理论性的文章、时事述评。同时，有针对性地选择本土人士评论目的语文化材料，还要选择目的语国家的人士评论中国文化的文章。具体到一般阅读教材里的单词表中，应注明某些词汇的语体或文化内涵及其联想意义，特别注重增加文化背景知识方面的注释，课后练习题或讨论题增加文化方面的内容。

4. 要改善教学方法，提高文化教学的效果

教学过程是教师与学生之间通过教材为媒介进行的互动交流。传统的教学主要把重心放在语言的受教上，而忽略了语言的实际应用和文化的日常体现。我们必须树立英语教学不仅仅是语言教学，还必须包括文化教学这一理念。成功的外语教学是使学生具备语言的相关知识，并能熟练地运用。教师应该在文化教学的教学方法上加以研究，比如引导学生关注一些原版的影印资料，从而去体验和学习地道的外语。随着多媒体应用技术在英语课堂的使用与发展，教师可以向学生们提供更为广泛的资源，帮助他们了解更多西方文化内涵，可以开办讲座、电影解析评论等方式方法，避免传统灌输式的教学法。文化学习是学习者的感知、体验、理解和认同等行为和心理过程。因此，教师要为学生积极创造条件，提供参与文化互动的机会，让他们在文化的双向互动中主动去体验、理解不同文化特点。这要求我们对传统教学的单向传授知识即“填鸭式教学”进行破解，建立教师为主导、学生为主体的新型教学理念，使学生为教学中的核心，充分激发和调动学生主观能动性，培养学生创造性思维、自主学习能力、独立分析和解决问题的能力，更要去培养学生跨文化意识，增强学生跨文化交际的能力，为民族和国家乃至全人类服务。

5. 加强教师自身能力培养，提高文化教学能力

不同的文化造就了不同的语言。学习外语必须学习好相关的文化背景，才得以更好更准确地在需要时使用目的语。英语文化教学更应该是教师自我文化教育过程，一个合格的英语文化教学老师也要能够接受东西方文化的理念。因此我们希望培养出的学生接受到良好的英语文化信息，培养跨文化交际的能力，那么我们必须首先让自己成为目的语文化的代表。这就要求在日常的教学中，老师不但要丰富自身的英语国家的文化背景知识，更应该全面地挖掘教材所蕴含的文化内涵，有针对性地培养学生们的跨文化交际能力。由于教师的角色使其处于“示范”的权威性地位，教师的衣着服饰、举止言谈、行为方式、处事方法、思维方式等都是文化教学的资源。因此，教师要时刻保持文化传输意识，以自身影响力来促进文化教学。教师要掌握以下几点原则：①通过所讲授的语言来了解文化；②使文化活动成为每堂课不可或缺的一部分；③使学生们获得他们应该具备的社会能力；④使所有学生对目的语有自己应有的理解；⑤让学生们认识到文化教学不是都要改变学生自身的文化行为。不仅如此，教师们还应该树立教学与文化教学的融合观。

可见，对文化教学教师的水平要求非常之高，是有别于其他学科的教师的。为此，建议有关主管部门为外语教师积极创造条件去教授的目的语国家进行研学进修，使教师能全方位对目的语国家有所了解、认知、感受和理解。这样，才会使教师贯通中西，教师就能够真正意义上了解掌握目的语的文化，进而提高教师本身对文化教学的自信，从而提升教师文化教学的能力和水平。

三、对于教师的教学启示

随着当今全球格局的迅速发展变化，在英语教学的过程中，必将加大外语教学的文化含量，体现文化教学的重要意义，这已经成为我国外语教学特别是英语教学改革的一个非常重要的方面，这也给英语教师一些积极的启示。

首先，教师应当注重语言教学与文化教学并重。开展和落实文化教学是长远的必施之计，不光要设计文化教学的课程，而且要把文化因素贯穿在日常语言教学当中。如果课上对文化因素的导入缺乏一定的自觉性和系统性，就会导致语言教学与文化教学相分离。这就要求教师必须自身不断加强对语言和文化知识的了解和掌握，从而使语言和文化二者在课程实践教学当中共同进行。

其次，教师应善于利用母语及母语文化。在课堂上，教师应该充分利用母语及母语文化有利的一面来帮助学生们更好地理解目的语及目的语文化，而不能一味地去忽视母语及母语文化对于文化教学的作用。教师还应该注意，要具体问题具体分析，根据学生们的学习状况，来决定文化导入的具体方式。教师在教学环节中文化导入的过程，要让学生能够真正地理解与接纳。同时，在学习目的语时，要与母语文化进行比较，采取客观平等的态度，让学生们知道这些文化都是人类文明智慧的结晶。避免片面强调了目的语文化学习，而忽略本国文化的学习。

最后，充分发挥教师的主导作用。目前高校也在探索一种新的语言教学模式，即从“教师为中心”向“学生为中心”的转变。但是教师的主导作用不能动摇，教师永远是教学中的组织者，是学生学习的辅导者，是学生感知外部世界的钥匙。

我们在教学中，既要充分发挥教师的主导作用，还要依据学生现实学习状况，去营造一个积极的、轻松的学习氛围，造就一种模拟现实生活中的学习环境，调动学生自主学习、主动学习的积极性。教师必须根据学生们对于目的语的掌握程度、学习进度，加以相应调整学习内容，使得学生们在目的语文化学习过程中循序渐进。与此同时，在目的语的学习过程中，一定要提高学习者对于文化知识的学习，加深学生理解目的语文化知识的学习对于交际能力所产生重要的影响的认知，这样才能够培养出更多的符合社会需要的人才。

结语

科技突飞猛进使得我们处于一个信息化的时代，人们交往的时空距离不断缩短，加之经济全球化和全球经济一体化趋势逐渐增强，各国之间的联系也更加紧密，交往也更加频繁，交往层面也更加宽泛，涉及政治、经济、文化等方方面面。中国随着改革开放的不断深入，经济的迅猛发展和国力的增强，国际地位也在不断提高，加入世贸组织、举办奥运会、举办世博会等都充分说明了这一点，中国在国际事务中的参与度和国际影响力不言而喻。中国与国际社会交往的加深，也对 21 世纪新时期的人才提出了更高的要求，即要掌握和具备国际交往的“技”与“能”。这里的“技”是指国际舞台上与他人交往的语言，也就是外语。而英语在全球的广泛使用和普及，及其在世界政治、经济和科技文化交流发展中所不可替代的重要作用都决定和确立了其国际通用语的地位，所以任何一个国家和个人要想融入国际交往和世界发展进步的大潮中，首先就要掌握英语这门国际通用语。同时，面对不同的文化环境和具有不同文化背景的人，进行国际交往还需要具备跨文化交流的能力，也就是上文所提到的“能”。这些都对现在的高校英语教学提出了要求。

跨文化传播和大学英语教学虽然分属不同的学科，但培养具备跨文化传播能力的人这一共同的目标将两者结合在了一起，外语教学为跨文化传播扫清了语言障碍，也通过语言文化教学的共进为跨文化传播奠定了基础。跨文化传播应利用外语教学的优势，将跨文化传播培训与外语教学有机结合，达到共赢。在大学英语教学改革的进程中，我们看到了学生英语在不断进步的可喜变化，但也应该客观面对目前教学模式中存在的问题。改变教学重视语言知识和技能，轻视文化教学，忽视母语文化的导入和输出，文化教学失衡，教学缺乏互动和交流，疏于跨文化意识的培养和跨文化交流能力的提高等现象，需要我们思考和探索、研究和尝试新的教学模式。

参考文献

[1] 戴晓东 . 跨文化能力研究［M］. 北京：外语教学与研究出版社，2018.

[2] 李红恩 . 论英语课程的文化品格［J］. 课程与教学论，2012，6 : 35.

[3] 中华人民共和国教育部 . 普通高中英语课程标准：2017 年版［M］. 北京 : 人民教育出版社，2018.

[4] 华瑛 . 从中国文化失语症反思外语文化教学 [J]. 甘肃联合大学学报 (社会科学版)，2010，26 : 61–63.

[5] 苟丽梅，姜焕文 . "母语文化" 教学在外语教学中的重要性阐释 [J]. 甘肃联合大学学报 (社会科学版)，2010，26 : 40.

[6] 张丽丽 . 大学英语教学本土化目标的实践与研究 [J]. 齐齐哈尔大学学报 (哲学社会科学版)，2010，1 : 23.

[7] 胡小佳 . 警惕 "中国文化失语症" 下的汉英文化交际 "单行道" [J]. 教育与人才，2012，8 : 11–13.

[8] 肖龙福 . 我国高校英语教育中的 "中国文化失语" 现状研究 [J]. 外语教学理论与实践，2010，1 : 6–7.

[9] 陈东 . 中国大学英语教学中的 "中国文化失语症" [J]. 河北工程大学学报 (社会科学版)，2011，6 : 22–23.

[10] 李英波，孙广治 . 理工院校师生的中国文化失语现象 [J]. 盐城工学院学报 (社会科学版)，2012，6 : 15.

[11] 李楠 . 跨文化交际视角下的大学英语教学中的英汉文化双向导入研究 [D]. 长春：吉林大学学报，2012.

[12] 樊裁裁，吴卫平，彭仁忠 . 中国大学生跨文化能力自我评价分析 [J]. 中国外语，2013，6 : 9-53.

[13] 高永晨 . 中国大学生跨文化交际能力现状调查与分析 [J]. 外语与外语教学，2016，2 : 8-70.

[14] 金桂桃，刘畅，程宗颖 ."一带一路"战略下高校大学生跨文化交际能力现状与培养策略 [J]. 海军工程大学学报（综合版），2017，1：7-83.

[15] 赵伟 . 大学英语教育中的跨文化交际能力培养策略 [J]. 黑龙江高教研究，2016，5：4–42.

[16] 陈佳婉，黄晓林 . 多种语言学习中跨文化交际意识和能力的培养 [J]. 文学教育（上），2018，2：5-53.

[17] 金虹 . 英语教学中跨文化交际能力培养研究 [J]. 课程教材教法，2015，1：5–80.

[18] 常晓晶 . 跨文化交际下的高校英语专业教学模式探究 [J]. 高教学刊，2018，8：7-100.

[19] 李春光 . 模因论视角下大学生跨文化交际能力培养探析 [J]. 教育探索，2014，1：9-68.

[20] 王济军，修永富 . 移动学习培养大学生跨文化交际能力的实验研究 [J]. 电化教育研究，2014，9：47-52.

[21] 郭乃照 . 教师文化信念与大学生跨文化交际能力培养 [J]. 中国高教研究，2014，4：10–41.

[22] 李晓英 . 从中西茶文化差异的角度看大学生跨文化交际能力的培养 [J]. 福建茶叶，2017，12：309.